wtv

Wir bedanken uns bei:

Felix Leibrock
für das Essay über Anna Amalia und
Elisabeth von Thüringen

den Laudatoren
Felix Leibrock
Hans Hoffmeister
Michael Haspel
Stephan Märki
für ihre einführenden Worte

Margot Käßmann
Heide Simonis
Necla Kelek
Petra Gerster
für die Reden

dem Weimarer Grafiker
Hansjörg Schumann
für die Zeichnungen, die als
Momentaufnahmen während
der Reden entstanden

Maik Schuck
für die Fotos

Hans Hoffmeister
und der
Thüringischen Landeszeitung (TLZ)
für die gute Zusammenarbeit

E.ON Thüringer Energie AG
für die freundliche Unterstützung

wtv - weimarer taschenbuch verlag

Felix Leibrock (Hg.)

STARKE FRAUEN

selbstbewusst – mutig – engagiert

Weimarer Reden 2007

w*t*v

Felix Leibrock (Hg.)

STARKE FRAUEN
selbstbewusst – mutig – engagiert
Weimarer Reden 2007

ISBN 978-3-939964-03-2

© 2007 wtv - weimarer taschenbuch verlag

wtv
weimarer taschenbuch verlag
in der Weimarer Verlagsgesellschaft Ltd.
Eduard-Rosenthal-Str. 30, 99423 Weimar
Tel.: +49 3643 4933910
Fax: +49 3643 4933919
info@verlag-weimar.de
www.verlag-weimar.de

Layout/Satz: Typelicious Ltd. & Co. KG, Mathias Karge, Berlin

Alle Titel des Weimarer Taschenbuch Verlages werden in
„Walbaum" gesetzt als Reminiszenz an den bedeutenden
Weimarer Drucker und Schriftsetzer Walbaum.

Printed in the EU

INHALT

Auch bei den Weimarer Reden stets voll besetzt: Das Deutsche Nationaltheater Weimar als Quellort der Demokratie und des gesellschaftlichen Diskurses.

Weimar – Stadt der Starken Frauen

Wann und wo hat die erste Frau in einem deutschen Parlament eine Rede gehalten? Fast könnte das die Millionenfrage bei Günther Jauch sein. Denn nur wenige wissen die Antwort. Obwohl Deutschland eine Bundeskanzlerin hat.

1919 geschah es, als Marie Juchacz ans Rednerpult des Deutschen Nationaltheaters in Weimar vor die Nationalversammlung trat. Nicht nur Väter hatte die Verfassung der Weimarer Republik, auch Mütter. Noch im selben Jahr hat Marie Juchacz die Arbeiterwohlfahrt gegründet und sie bis 1933 geleitet. 1919 und 1933, eine Frau zwischen Aufbruch und Untergang, zwischen Freiheit und Diktatur. Sie übernahm politische Verantwortung und sah die soziale Not. Eine mutige, nonkonformistische Frau.

Solche Frauen braucht das Land. Auch heute. Und es gibt sie. Vier von ihnen waren 2007 im Deutschen Nationaltheater in Weimar zu den Weimarer Reden eingeladen.

Doch zu welchen Themen sollten sie sprechen? Zur Frauenfrage? Nein, das hat manchmal etwas Demonstratives, Gönnerhaftes, Alibimäßiges. Als ob Frauen nur über dieses Thema sprechen könnten. Das natürlich auch, aber sie können eben noch viel mehr. Fiele es jemandem ein, vier Männer einzuladen, die über Männerfragen sprechen?

Die Frage lautete also: Können wir die Themen nicht genauer vorgeben, ihnen so etwas wie eine innere Spannung verleihen, indem wir die Themen in Interdependenz halten?

7

Für diese Frage stehen uns zwei Patinnen zur Verfügung. Denn 2007 stehen zwei herausragende Frauen in Weimar und Thüringen unter besonderer Beobachtung: Herzogin Anna Amalia, vor 200 Jahren verstorben, und Elisabeth von Thüringen, vor 800 Jahren geboren. Anna Amalia, die junge Prinzessin zu Braunschweig-Lüneburg, heiratete 1756 den ebenfalls sehr jungen Herzog Ernst August II. Constantin von Sachsen-Weimar-Eisenach. Bald kam Carl August zur Welt, jener Sproß, der später zu Goethes engstem Weggefährten werden sollte. Doch das junge Glück war nur von kurzer Dauer: Der Gemahl starb zwanzigjährig, und die Witwe Anna Amalia musste die Regierungsgeschäfte übernehmen. Politische Verantwortung, die sie bis zur Volljährigkeit Carl Augusts ausübte. Für die Bildung ihres Sohnes holte sie einen der berühmtesten Gelehrten und Poeten nach Weimar, Christoph Martin Wieland. Politik, so erhoffte sie es sich durch diese Berufung Wielands, sollte in Sachsen-Weimar-Eisenach ausüben, wer über eine fundierte humanistische Bildung verfügte und wer die Grundsätze der Aufklärung in ein absolutistisches Regierungssystem aufzunehmen verstand. Mit Wieland als Prinzenerzieher nahm das „Ereignis Weimar" seinen Lauf, wie es 2007 die Klassik Stiftung in einer national bedeutsamen Ausstellung dokumentiert. Die Weimarer Klassik erlebte ihre Geburt, auch durch jene weitsichtige Initiative Anna Amalias, das Grüne Schloss zum dauerhaften Ort für die Herzogliche Bibliothek umzubauen. Anna Amalia avancierte, wie es ihre Biographin Annette Seemann ausdrückt, zur „Königin der Bücher"[1]. Zu Recht trägt die Bibliothek heute ihren Namen und ist, neben der Herzog-August-Bibliothek in Wolfenbüttel und dem Deutschen Literaturarchiv in Marbach, die bedeutendste außeruniversitäre geistesgeschichtliche Forschungsbibliothek in Deutschland.

Regierungspolitik war für Anna Amalia eng verbunden, ja gar nicht denkbar ohne engagierte Förderung von Bildung und Kultur. Nach der Regierungsübernahme durch Carl August im Jahre 1775 hat sie ihre Aktivitäten auf diesen Gebieten ausgeweitet, sei es durch das mit Goethe gemeinsam angeführte Liebhabertheater, durch die Herausgabe des Tiefurter Journals oder durch ihre berühmten Gesprächs- und Leserunden. Dass dabei Standesgrenzen überschritten wurden und adlige und bürgerliche Kultur sich durchmischten, war Programm. Das angeregte Gespräch eröffnete Raum für neue Sichtweisen, führte gelegentlich zu heftigen Kontroversen und wirkte wie ein Aufputschmittel gegen die provinzielle Behäbigkeit, die auch ein Städtchen wie Weimar allezeit bedrohte.

Genau das ist das Ziel der Weimarer Reden. Gewohnte Denkbahnen sollen hinterfragt und neue Sichtweisen entwickelt werden. Von den Rednerinnen, aber auch von den Zuhörenden. Themen, zu denen uns Anna Amalia anregt, sind Fragen der Erziehung und Bildung, die Aufhebung sozialer Barrieren, die Förderung des Lesens und der Gesprächskultur, das Überwinden provinzieller Enge durch Eröffnen eines weltweiten Kontextes, in dem wir leben.

1 Annette Seemann: Anna Amalia. Herzogin von Weimar, Frankfurt a.M./Leipzig, Insel, 2007, S.163.

9

Interdependenz der Themen war unser Ziel. Schon vieles an Themen für die Weimarer Reden 2007 wäre also allein aus dem Geist von Anna Amalias Wirken möglich. Doch auch Elisabeth von Thüringen hilft uns weiter. Elisabeth von Thüringen, nie war sie so aktuell wie heute. Es hat einen Reiz, den evangelischen Landesbischof zu zitieren, wenn es um die Aktualität dieser früh heilig gesprochenen Frau geht: „Elisabeth von Thüringen richtet sich radikal nach dem Evangelium und steht bei den Ärmsten der Armen. Und wir?"[2] Und wir? Genau das ist die Frage, die uns jene legendenumwobene Frau aufwirft, nach der heute Tausende von Kirchen benannt sind. Jene ungarische Königstochter, die nach Thüringen und später nach Marburg zog und ihr Leben völlig umkrempelte. Was machen wir angesichts weltweiter Kinderarmut? Was machen wir angesichts von zunehmender Kinderarmut auch im Wohlstandsstaat Deutschland? Was können wir tun angesichts einer Vielzahl von Kriegen weltweit, die Menschen verstümmeln, Leben zerstören, Hoffnungen töten? Bleibt uns nur das resignierende Schulterzucken, das besagt, wir als Einzelne fernab von all diesen Problemen könnten ohnehin nichts bewirken? Da seien globale Kräfte am Wirken oder zumindest die mächtigen Potentaten der Völker und Staaten, die sich doch von uns nichts sagen ließen?

Elisabeth hat uns gezeigt, wie man trotz beschränkten Wirkungskreises mit Konsequenz zum Vorbild wird, das andere zum karitativen und friedensstiften-

---

2 Christoph Kähler: „Eine evangelische Heilige?!", in: Elisabeth. Beilage der Kirchenzeitungen Glaube und Heimat/Die Kirche, Weimar, Wartburg, 2006, S.1.

den Handeln motiviert. Ihr selbst stand ein prunkvolles Leben am Thüringer Hof offen. Doch ihr Herz schlug für die Bettler und Ausgestoßenen. Sie entzog sich dem materiellen Wohlstand und entdeckte – das Glück! Das ist die elementare Entdeckung im Leben der Elisabeth: In der Hinwendung zu den Armen erfährt sie Erfüllung für ihr eigenes Leben. Der Theologe Fulbert Steffensky formuliert das so:

„Elisabeth ist eine Figur mit einer großen Leidenschaft. Wir brauchen die Erinnerung an eine nicht auf sich selbst zielende Leidenschaft. Diese Frau widerspricht fast in allen Punkten unserem herrschenden Glücksverständnis: Glück als Übereinstimmung mit sich selbst; Glück als Selbststeigerung und Selbstgenuss. Was soll das für eine Lebenskunst und für ein Lebensgenuss sein, in dem die Leidenschaft sich vornehmlich auf sich selbst beschränkt? Was wird aus dem Menschen, wenn seine Leidenschaften verkümmern zu Liebesaffären mit sich selber? Das saugt die Fantasie für das Unglück der anderen auf. Aber noch mehr: Diese Selbstbescheidenheit ist auch die Quelle neuen Unglücks. Es gibt nicht nur die Gefangenschaft in Systemen, in Traditionen und im Verbot des Eigenen. Es gibt auch die Gefangenschaft in sich selbst und im eigenen Herzen."[3]

Das Leben der Elisabeth steht für den anderen Weg, den Weg zum Glück, wie ihn selbstloses Dienen an den Ärmsten der Welt mit sich bringt. Auch das könnten Impulse sein für die Weimarer Reden 2007!

3 Ebda., S.8

11

Elisabeth und Anna Amalia, gibt es etwas, was diese beiden Frauen über die Jahrhunderte hinweg verbindet? Beide waren sie jung verheiratet worden. Ja, das Passiv muss man betonen: verheiratet worden. Elisabeth war vier Jahre alt, Anna Amalia war gerade konfirmiert, als die Gesandtschaften aus dem Thüringer Land erschienen, um die Frauen jeweils wartenden Herrschersöhnen zuzuführen. Alles Strategie, alles geplant. Blickt man auf das Leben der beiden Frauen, so fällt der Mut auf, die Initiative, sich angestammten Rollen nicht zu unterwerfen, sondern mutig und selbstbewusst eigene Wege zu gehen. Und noch etwas: Beide wirkten in Zeiten von Kriegen, zum einen die Kreuzzüge, zum anderen der Siebenjährige Krieg. Ihr Engagement wirkt wie ein Gegenentwurf zu Massenmord und Kriegstreiberei, wie eine Vision von Humanität angesichts von Hass und Menschenverachtung.

Auch die vier Weimarer Rednerinnen 2007 stehen für Mut und Selbstbewusstsein, ja, für Visionen. In vielfacher Weise sind sie legitime Nachfolgerinnen Elisabeths und Anna Amalias und greifen mit ihren Reden die Themen auf, die sich am Leben und Wirken der beiden zeigen.

Die Hannoversche Landesbischöfin Margot Käßmann entwirft in ihrer Rede eine friedensethische Vision, indem sie untersucht, inwieweit Religion als Faktor der Konfliktentschärfung taugt.

Die Bundesvorsitzende von UNICEF Deutschland, Heide Simonis, bringt zwei scheinbar differente Themen in einen globalen Zusammenhang: Kinderarmut in Deutschland und Kinderarmut in der Welt.

Die türkischstämmige Soziologin Necla Kelek greift

angstfrei die Zwangsverheiratung und patriarchali-
sche Strukturen auf, wie sie in der Parallelgesellschaft von Deutschen und Türken entstehen, wenn
Aufklärung und Demokratie mit türkisch-muslimi-
scher Erziehung und archaischen Stammeskulturen
zusammentreffen.

Die Fernsehjournalistin und Publizistin Petra Gerster sucht Wege der Werte-Erziehung und hält dabei
ganz nebenbei ein Plädoyer für das (Vor)Lesen als
pädagogisch wertvolles Instrumentarium.

Vier Frauen sprechen zu Fragen aus ihrem Wir-
kungsfeld. Die Bezüge zu Elisabeth und Anna Amalia
sind vielfach evident. Wie so oft in Weimar durch-
kreuzen sich Vergangenheit und Zukunft an den
Brennpunkten der Gegenwart. Sinnbildhaft verdich-
tet sich hier die Gleichzeitigkeit des scheinbar Ungleichzeitigen in der heutigen Herzogin Anna Amalia
Bibliothek: Dem 2004 durch einen Brand schwer ge-
schädigten Stammgebäude mit dem weltweit einzig-
artigen Rokokosaal, dessen Büsten der klassischen
Dichter uns die Aura der Goethezeit erspüren lassen,
steht das die Bauhaustradition aufgreifende Studien-
zentrum mit dem Bücherkubus gegenüber, Ort der
Forschung und des Wissens um die Dinge hinter den
Dingen. Indem das Umschlagbild dieses Buches die
vier Weimarer Rednerinnen des Jahres 2007 im
Bücherkubus der Herzogin Anna Amalia Bibliothek
verortet, rückt es im 200. Todesjahr der Anna Amalia
und im Jahr der Wiedereröffnung des Stamm-
gebäudes mit dem Rokokosaal ins Bewusstsein, dass
Weimar zum einen historischer Ort von einzigartiger
kultureller Tradition, zum anderen immer wieder

neu Stätte des Aufbruchs und der Suche nach Lösungen gegenwärtiger Probleme ist. Die Weimarer Reden mit ihren Bezügen zur Heiligen Elisabeth und zur Herzogin Anna Amalia exemplifizieren diese multiple Aufgabe und unvergleichbare Rolle Weimars zwischen Tradition und Moderne.

Und Marie Juchacz, die erste Frau, die in einem deutschen Parlament sprach? Auch sie tritt uns nahe durch den Ort der Reden: Das Deutsche Nationaltheater Weimar, Quellort der Demokratie und des gesellschaftlichen Diskurses, Spielort des Geistes und Experimentierort der Kunst. Ein Solitär, einzigartig.

Felix Leibrock

14

LAUDATIO DR. MARGOT KÄßMANN

Felix Leibrock
Stadtkulturdirektor in Weimar

Eine Landesbischöfin auf allen Titelseiten der Boulevardblätter! Das war am 30. August 2006 an allen Kiosken in Deutschland zu sehen. Schwer erkrankt sei sie, so hieß es in großen Buchstaben, sie werde noch am selben Tag operiert. Fünf Tage später habe ich die Anfrage an Margot Käßmann für die heutige Rede nach Hannover geschickt. Schon am Tag darauf kam eine Antwort, per Mail, vom Krankenbett aus. „Sie wissen offensichtlich, dass ich ein bisschen retardiert bin", heißt es da. „Ich komme gerne im März nach Weimar." Ein paar Tage später schlug ich ihr das Thema des heutigen Tages vor, das ich einer ihrer Reden entnommen hatte: „Religion als Faktor der Konfliktentschärfung". Sie schickte mir die Bestätigung des Themas wiederum per Mail. Das Thema gefalle ihr. Es sei eine Formulierung, die ihr selbst eingefallen sei. Und diesen Satz beschloss sie mit einem Semikolon, einem Bindestrich und einer Klammer. Das nennt man einen Smilie. Ich kenne das von sonst vor allem von jungen Menschen, wenn die mailen oder SMS schreiben.

Diese eher unscheinbaren Vorgänge verraten uns viel über Margot Käßmann. Ihr Bild auf der Titelseite der Bildzeitung zeigt: Sie spricht offenbar Menschen weit über den kirchlichen Kontext hinaus an. Kirche kommt sonst an dieser prominenten Stelle nur noch vor, wenn wir Papst werden.

17

Die prompte Antwort vom Krankenbett zeigt: In der Krise schaut sie nach vorne. Sie bietet der Krankheit die Stirn. Sie strahlt Mut aus, der sich aus einem festen Grund speist. Einen Mut, der viele Menschen angesteckt, ermutigt hat.

Die Beherrschung moderner Kommunikationswege zeigt: Eine Bischöfin auf Augenhöhe der Zeit. Sie nutzt die Möglichkeiten moderner Technik, ohne sich ihr zu unterwerfen.

Ja, und dann der Smilie: Eine Frau mit Humor und mit Herz.

Wenn wir auf das Leben von Margot Käßmann blicken, überraschen diese Eigenschaften nicht.

Schon der Ort ihres Abiturs qualifiziert Margot Käßmann wie keine andere für die Rede in diesem Jahr im Deutschen Nationaltheater in Weimar: Margot Käßmann hat ihr Abitur an der Elisabethschule in Marburg absolviert.

Auch wenn vermutlich nicht alle Abiturientinnen dieser Schule Pastorinnen werden, ist es im Falle unserer Rednerin ein konsequenter Weg auf den Spuren der Heiligen Elisabeth.

Margot Käßmann hat Evangelische Theologie in Tübingen, Edinburgh, Göttingen und Marburg studiert. Nach dem Vikariat in Wolfshagen, dem 2. Examen und der Ordination teilte sie sich mit ihrem Mann Pfarrer Eckhard Käßmann die Pfarrstelle in Frielendorf-Spieskappel mit dem Kloster Spieskappel. Spieskappel, das klingt ein bisschen abgeschieden, klingt nach Dorfpfarramt, wo der Pastorin zum Heiligabend Gemeindeglieder eine Gans aus eigener Schlachtung schenken. Aber für die Jungpastorin gab

es den weltweiten ökumenischen Kontext: Die
Teilnahme an der Vollversammlung des Ökumenischen Rates in Vancouver brachte ihr 1983 die Mit-
gliedschaft im Zentralausschuss. Sie war damals das
jüngste Mitglied. Zusätzlich zur Tätigkeit als Pfar-
rerin wurde sie 1989 an der Ruhr-Universität Bochum
promoviert, und zwar über das Thema: „Armut und
Reichtum als Anfrage an die Kirche". Eine Disser-
tation also, die auch von Elisabeth von Thüringen
hätte sein können, so sie die Möglichkeit dazu gehabt
hätte!
In diesen Jahren kamen auch noch vier Töchter zur
Welt. Weil die so schöne Namen tragen, möchte ich
sie nennen: Sarah, Hanna, Lea (beide im gleichen
Jahr geboren und deshalb vielleicht Zwillinge) und
Esther. Pfarramt, Promotion, Ökumenischer Rat, vier
Töchter, das war schon ein gewaltiges Pensum in diesen Jahren!
1990 wurde Margot Käßmann Beauftragte für den
Kirchlichen Entwicklungsdienst der Evangelischen
Kirche von Kurhessen-Waldeck.
Von 1992 bis 1994 war sie Studienleiterin an der
Evangelischen Akademie Hofgeismar.
1994 dann wurde sie Generalsekretärin des Deutschen Evangelischen Kirchentages und blieb das bis
1999.
1999. Als man in Weimar die Kulturstadt Europas
feierte, gab es noch ein anderes wichtiges Ereignis:
Margot Käßmann wurde zur Landesbischöfin der
größten evangelischen Landeskirche, der Evange-
lisch-Lutherischen Landeskirche Hannovers gewählt.
2002 trat sie aus Protest wegen der Preisgabe Ökumenischer Gottesdienste aus dem Ökumenischen Rat

19

der Kirchen aus. Im gleichen Jahr erkannte ihr die Universität Hannover die Ehrendoktorwürde zu. Frau Käßmann ist unter anderem Mitglied in der Europäischen Akademie der Wissenschaften und Künste und im Kuratorium Deutsche Stiftung Weltbevölkerung. Sie ist Präsidentin der Zentralstelle für Recht und Schutz der Kriegsdienstverweigerer aus Gewissensgründen e.V.. 2006 war sie Botschafterin für die Fußball-Weltmeisterschaft der Menschen mit geistiger Behinderung. Sie hat Bücher mit so ansprechenden Titeln wie „Wie ist es so im Himmel?" oder „Kirche in gesellschaftlichen Konflikten. Kirchenleitende Predigten" geschrieben. Im Anschluss an die Rede können Sie diese Bücher erwerben und Frau Käßmann wird sicherlich gerne signieren.

Über allen ihren Ämtern und Aufgaben hat Margot Käßmann nicht vergessen, wo sie herkommt. Sie steht fest mit beiden Beinen in den Gemeinden, bei den Menschen. Sie mischt sich und damit die Kirche in die gesellschaftlichen Fragen ein, ohne aufdringlich zu sein. Das ist der Grund, warum man auf sie hört. In dem politischen Magazin „Cicero" heißt es in einem Porträt von ihr:

„Margot Käßmann ist so etwas wie das deutsche Orakel von Delphi. In jeder Frage moralischer Selbstvergewisserung fragt man die Personifikation sympathischer Verbindlichkeit. Verkaufsoffene Sonntage, aber nein. Türkei in der EU, eher nicht. Asylanten abschieben, gar nicht. Ob Fußball-WM-Botschafterin oder Buchautorin, sie ist dabei ... Sie changiert zwischen wertkonservativem Engagement ..., emanzipatorischer Provokation ... und lebensfröhlicher Gelassenheit."

20

Der Herausgeber dieser Zeitschrift Cicero ist Wolfram Weimer. Er hat ein beachtliches Buch geschrieben mit dem Titel „Credo. Warum die Rückkehr der Religion gut ist". Der Titel enthält die Kernthese: Dass nämlich das 21. Jahrhundert die umfassende Rückkehr der christlichen Religion auch in Deutschland bringt. Wenn man das Leben und Wirken unserer heutigen Rednerin betrachtet, bekommt man das Gefühl, dass diese Prognose sich erfüllen wird.

Herzlich willkommen in Weimar, sehr geehrte Frau Landesbischöfin, liebe Margot Käßmann!

RELIGION ALS FAKTOR DER KONFLIKTENTSCHÄRFUNG

Dr. Margot Käßmann
Landesbischöfin in Hannover

In einem Interview habe ich vergangenes Jahr gesagt, Religion müsse endlich Konflikte entschärfen, statt sich immer wieder in Versuchung führen zu lassen, Öl in das Feuer politischer Konflikte zu gießen. Diese Anmerkung hat mir die Einladung nach Weimar verschafft. Und sie hat mich gezwungen, diesen Satz zu vertiefen. Bei der Vorbereitung dachte ich natürlich: Hättest du nicht versuchen können, mit einem leichteren Thema davonzukommen? Aber Herr Dr. Leibrock hatte ja das Zitat gehört .... Also habe ich mich darangemacht. Ich will vorweg sagen: Das Thema ist so umfassend, da gibt es ganze Bücherbände. Heute Vormittag kann ich nur eine Annäherung versuchen und werde das in sieben Punkten, einer schönen biblischen Zahl tun.

1. Schürt Religion Konflikte?

Wenn ich mich als Frau der Kirche für den Frieden einsetze, wird mir oft die Kirchengeschichte entgegengehalten. Wie war das mit den Kreuzzügen? Wurde da nicht fortdauernder Hass geschürt? Was ist mit Hexenverfolgung und Inquisition – ist das Christentum per se gewalthaltig? Um es vorwegzunehmen: Ich persönlich bin überzeugt, dass die Kirche in die Irre gegangen ist, wann immer sie Gewalt legitimiert

23

hat. Jesus Christus war kein Revolutionär mit der Waffe in der Hand. Er hat Frieden gepredigt, nicht Krieg, Feindesliebe, nicht Hass. Und dann sind da aktuelle Konflikte. Denken wir an Nordirland, wo der Konflikt um das Verhältnis zu Großbritannien unter dem Label „Katholiken – Protestanten" geführt wird. Wer einmal in Belfast die martialischen Zeichnungen an Häuserwänden gesehen hat, nimmt mit Schrecken wahr, wie viel Hass da entstehen kann. Denken wir an den Krieg im ehemaligen Jugoslawien: Auf einmal ging es um katholische Kroaten, orthodoxe Serben und muslimische Bosnier. In der Ukraine tobt ein Konflikt zwischen der orthodoxen Kirche und der griechisch-katholischen. Der Nahostkonflikt zwischen Juden und Palästinensern ist auch ein religiöser Konflikt. Wer die antijüdischen Hetzparolen des iranischen Präsidenten hört, muss fassungslos erkennen, dass Antisemitismus weiterhin gärt. Oder schauen wir noch weiter in die Ferne: In Indien versuchen Hindus mit Gewalt, Muslime zu unterdrücken und per Gesetz wird versucht, Konversionen zum Christentum zu verbieten. In Indonesien leben christliche Gemeinden in Angst vor Muslimen. Und weltweit ist inzwischen ein Bild vor Augen, bei dem muslimische Selbstmordattentäter sich in die Luft sprengen, Sunniten gegen Schiiten.

Doch, wenn ich das sehe, kann ich verstehen, dass manche Menschen sagen: Religion schürt Konflikte. Ich halte die Analyse aber für vorschnell. In der Regel geht es um vorhandene politische (Beispiel Irland) oder kulturelle bzw. machtpolitische (Beispiel Irak) Konflikte, in denen Religion gezielt genutzt wird, um Öl in das Feuer zu gießen. Und, das muss ich zugeben, Religion lässt sich manches Mal verführen, dies zu tun.

Nun bin ich keine Expertin für andere Religionen. Ich bin Christin und kann nur am Beispiel des Christentums sprechen. Nach Gesprächen aber mit Menschen muslimischen, jüdischen und hinduistischen Glaubens bin ich überzeugt, dass jede Religion einen Kern in sich trägt, der zum Frieden ruft. Wer an einen Gott glaubt, der die Welt trägt, kann doch nicht legitimieren, dass andere getötet, dass Schöpfung Gottes damit zerstört wird. Ja, auch ich kenne Koranverse, die anderes sagen. Aber ich kenne auch biblische Passagen wie Psalm 68, die durchaus gewalthaltig sind. Die Frage ist, ob wir einen kritischen Blick auf unsere eigene Religion werfen können. Und die Frage ist, ob Religion demokratiefähig ist. Das beispielsweise möchte ich auch mit Muslimen in unserem Land diskutieren. Können wir uns verständigen, dass unsere Verfassung für alle gilt und damit Religionsfreiheit, Redefreiheit, Pressefreiheit und auch Gleichberechtigung von Männern und Frauen aktiv befürwortet werden? Wenn diese Grundlagen gegeben sind, dürften auch Religionen friedlich nebeneinander im Land leben können.

2. Die ökumenische Bewegung

Vor mehr als 70 Jahren hatte Dietrich Bonhoeffer große Hoffnungen, die ökumenische Bewegung werde Vorkämpferin des Friedens werden. Wenn sich die Kirchen verständigen, im Gespräch miteinander sind, könnten sie Widerstand leisten gegen nationalistische Parolen und Kriegstreiberei. Diese Hoffnung wurde vielfältig enttäuscht, aber sie wurde auch vielfältig verwirklicht. Christen, deren Länder durch Nazi-Deutschland terrorisiert worden waren, besuchten bereits im Oktober 1945 in einer überwältigenden Geste der Versöhnung den Rat der Evangelischen Kirchen in Deutschland und luden die evangelischen Kirchen ein, Gründungsmitglieder des Ökumenischen Rates zu werden. Daran erinnern wir uns bis heute in tiefer Dankbarkeit. In Amsterdam erklärten die Kirchen dann 1948 gemeinsam: Krieg soll nach Gottes Willen nicht sein! Der Friedensimpuls wurde zum cantus firmus des Ökumenischen Rates. Seine Impulse zu Gerechtigkeit, Frieden und Schöpfungsbewahrung wurden auch umgesetzt, als 1989 der Ruf „Keine Gewalt!" aus den Gottesdiensten der Kirchen hinausgetragen wurde auf die Straßen von Leipzig, Dresden und Berlin und damit der Weg eröffnet wurde zur ersten gewaltlosen Revolution in Deutschland, ja in der europäischen Geschichte. Die Kirchen in Deutschland, sie haben gelernt aus ihrem Versagen in der Vergangenheit, davon bin ich überzeugt.

Allerdings stehen wir erneut vor der Tatsache, dass Politiker Gott für Kriege, für ihre Seite, für Nationen in Anspruch nehmen. Wir müssen wieder ertragen, dass Kriege als „heilig" und als „Kreuzzüge" bezeichnet werden. Ich wehre mich dagegen, dass religiöse Sprache für politische Ziele missbraucht wird, wenn Präsident Bush von einer „Achse des Bösen" redet, vom Kreuzzug gegen den Terror und seine Reden endet mit „Gott schütze Amerika". Ja soll Gott denn nicht alle Menschen und Nationen schützen? Steht nicht in der Bibel: Selig sind die Friedfertigen?

26

Gotteslästerung ist auch die Redeweise islamischer Fundamentalisten wie Bin Laden, die sich auf Gott berufen, um ihren menschenverachtenden Terrorismus zu rechtfertigen.

Im Namen der Sicherheit werden Menschen getötet und gefoltert. Hier muss die Stimme der ökumenischen Bewegung laut werden! Ja, wir können gläubige Moslems auffordern, sich von fanatischen, irregeleiteten Terroristen zu distanzieren, die meinen, im Namen Allahs töten zu dürfen. Aber ebenso entschieden müssen wir klarstellen, dass es überhaupt keine Rechtfertigung für Krieg, Verletzung und Folter gibt! Wir können uns nicht für Menschenrechte einsetzen im Namen westlicher Demokratie und unseres christlichen Erbes, wenn Menschen durch die Soldaten unserer eigenen Länder erniedrigt werden. Wir können nicht den Respekt für das Individuum als Fortschritt der Menschlichkeit propagieren, wenn im Namen der Freiheit die Individualität der Menschen unter Kapuzen verborgen und gleichzeitig ihre Scham entblößt wird.

Wir sind an einem entscheidenden Wendepunkt angekommen. Die ökumenische Bewegung muss im Namen des Friedens klar Stellung für die Menschenrechte beziehen. Christinnen und Christen in allen Kirchen weltweit müssen erklären, dass es keinen Weg zum Frieden durch Krieg und Sicherheit gibt, sondern dass Frieden der Weg ist. Die ökumenische Bewegung muss Armeen verurteilen, die Kriege führen und dabei Folter, Leiden und Vergewaltigung im Gepäck haben. Wir müssen uns für eine internationale Friedenstruppe mit Polizeifunktion einsetzen, die nur von den UN legitimiert sein kann. Ein internatio-

27

naler Strafgerichtshof ist fällig. Und wir müssen akzeptieren, dass auch Terrorismus nicht durch Krieg bekämpft werden kann, sondern nur durch ein Bündnis aller Menschen, die sich nach Frieden in allen Nationen und zwischen allen Religionen sehnen. Wir müssen darauf bestehen, dass Religion endlich nicht mehr Konflikte verschärft, sondern zu ihrer Lösung beiträgt.

In der Folge der Terrorangriffe auf New York vom 11. September 2001 ist die Spirale der Gewalt weiter angeheizt worden. Amerika meint, im Irak einen Schuldigen in der von Präsident Bush definierten „Achse des Bösen" gefunden zu haben.

Ist es möglich, Krieg als Mittel der Abrüstung in Erwägung zu ziehen? 2001 hat der Rat der Evangelischen Kirche in Deutschland eine Zwischenbilanz „Friedensethik in der Bewährung" vorgelegt. Dort wird eindeutig gesagt, dass Politik Vorrang haben muss vor militärischen Maßnahmen zur Konfliktlösung. Der Einsatz militärischer Gewalt wird im Rahmen einer als Rechtsordnung zu verstehenden internationalen Friedensordnung allerdings als äußerste Möglichkeit anerkannt. Doch: Es geht in diesem Text nicht mehr um einen gerechten Krieg, sondern um gerechten Frieden. Das halte ich für unsere Kirche für einen gewichtigen und positiven Schritt.

Allerdings will ich ganz offen sagen, dass die Diskussion auch die evangelische Kirche in Deutschland immer wieder zerreißt. Auf der November-Synode der EKD 2001 in Amberg wurden die unterschiedlichsten Einschätzungen vorgenommen, die Synode hat sich nicht in der Lage gesehen, den

Militäreinsatz in Afghanistan eindeutig abzulehnen. Lediglich eine Minderheit hat diese Position vertreten. In der Kundgebung „Friedenspolitik in der gegenwärtigen Situation" vom 9. November heißt es: „Aus diesen Grundsätzen, Wahrnehmungen und Zweifeln ziehen wir unterschiedliche Konsequenzen: Die einen halten die erkennbaren Schadensfolgen des militärischen Vorgehens und die darüber hinaus verbleibenden Zweifel für so gewichtig, dass sie den eingeschlagenen Weg und seine Fortsetzung entschieden ablehnen. Sie verweisen dabei darauf, dass die in unseren friedensethischen Grundsätzen genannten Bedingungen, unter denen eine Kriegsführung überhaupt nur gerechtfertigt werden kann, im Falle Afghanistans nicht oder nicht ausreichend gegeben sind. Das gilt besonders von der Frage nach der Verhältnismäßigkeit der eingesetzten Mittel.

Andere wiederum halten dieses militärische Vorgehen trotz aller Bedenken für vertretbar. Sie lassen sich dabei von folgenden Erwägungen leiten: Ein kategorischer Verzicht auf militärisches Vorgehen gegen das Talibanregime gewährt der Terrororganisation Al Qaida einen sicheren Ort.

Die in dieser Sache notwendige Gewissensentscheidung kann niemandem abgenommen werden. Die Freiheit, sie zu treffen, muss für den Einzelnen gewahrt sein. Wie auch immer der Einzelne sich entscheidet, es werden schwer belastende Fragen offen bleiben."

Ich kann eine Rechtfertigung für einen Krieg nicht nachvollziehen. Das kann vom Evangelium her meines Erachtens nicht Sache der Kirche sein. Von der biblischen Botschaft ausgehend bin ich überzeugt, dass die Spirale der Gewalt nur durch Gewaltlosigkeit durchbrochen werden kann. Ich bin mir bewusst, dass mir dies als politische Parteinahme ausgelegt werden kann. Andere nennen eine solche Position naiv. Für mich ist es aber eine christliche Grundüberzeugung. Mir liegt daran, im demokratischen Staat das Gewaltmonopol an Polizei und Verteidigungsarmee als Bürgerin zu delegieren. Auf Weltebene kann diese Aufgabe nur durch die UN wahrgenommen werden. Außerhalb der NATO hat m.E. die Bundeswehr kein Aktionsgebiet, auch um unserer Soldaten willen. Hier sehe ich keine Legitimationsmöglichkeit. Außerdem habe ich Mühe damit, wie gering die Informationen sind, die uns überhaupt zur Verfügung stehen für eine Urteilsbildung. Die jüngsten Vorfälle im Verantwortungsbereich der Bundeswehr zeigen die ganze Hilflosigkeit des Militärs gegenüber Hass und Gewalt.

3. Die Aufgaben

Krieg ist immer das Versagen von Politik. Das heißt nicht, dass Terror nicht bekämpft werden kann. Saddam Hussein war ein menschenverachtender Diktator. Trotzdem bin ich gegen die Todesstrafe. „Du sollst nicht Gleiches mit Gleichem vergelten". Ist es nicht viel wichtiger, dass die Täter die Opfer hören, dass Formen von Versöhnung und Alternativen zum Krieg gefördert werden? Hätte nicht ganz anders in Vermittlung investiert werden können? Immer wieder unterliegen Staatsmänner der Meinung, sie könnten durch Krieg Machtkonflikte lösen. Das hat sich immer wieder als Irrtum erwiesen. In Stalingrad wie in Vietnam wie im Irak, um nur wenige Beispiele zu nennen. Mir ist wichtig, dass klar wird: es gibt auch nicht-kriegerische, zivile Mittel zur Überwindung der Gewalt. Lassen Sie mich stichwortartig einige Beispiele nennen:

· Das Abbrechen der Geldströme, die Rüstung und Terror finanzieren
· Eine Unterbindung des Drogenhandels
· Ein internationales Abkommen gegen den Waffenhandel
· Konsequentes Eingreifen gegenüber solchen, die auch in unserem Land Hass schüren
· Überzeugender und wirksamer Einsatz für Gerechtigkeit
· Die politische Lösung von Dauerkonflikten wie in Israel und Palästina

Es wird darum gehen, zivile Konfliktlösung zu trainieren, endlich einmal Geld und Kraft und Zeit zu investieren in de-eskalierende und vorbeugende Bearbeitung von Konflikten. Friedensdienste müssen auch finanziert und personell ausgestattet werden! Gewaltfreie Konfliktbewältigung ist kein Kinderspiel, Prävention und Mediation müssen gelernt werden. Immer wieder höre ich als Gegenargument, bewaffnete Konflikte könnten nun einmal nur mit Waffen gelöst werden, siehe Blauhelme in Srebrenica. Wenn aber derzeit jeden Monat acht Milliarden US-Dollar für den Krieg im Irak investiert werden, darf doch gefragt werden, was denn mit acht Milliarden Dollar monatlich an Friedensinvestition möglich wäre. Das ist noch nie ausprobiert worden. Stattdessen werden Eskalationen hingenommen, bis schließlich mit

„humanitärer Intervention" oder gar „preemptive strike" argumentiert wird.

Mich erschüttert es doch, dass der Militärhaushalt der USA von 294,5 Milliarden US Dollar im Jahr 2000 auf 562 Milliarden US Dollar 2006 angestiegen ist. Das sind unvorstellbare Summen. Wenn sie in Friedensmaßnahmen investiert würden, in Prävention und vor allem in Entwicklung der verarmten Länder dieser Erde, gäbe es ganz neue Perspektiven für Frieden und Gerechtigkeit. Die UNO erklärt, es würden „nur" 55 Milliarden US Dollar benötigt, um die unmittelbaren Bedürfnisse der Hungernden und Armen auf der Welt zu befriedigen. Überwindung von Gewalt – das bedeutet, den Nährboden entziehen, der aus Armut, Unterdrückung und Unbildung entsteht und dann zum Nährboden für Hass wird. Dazu haben die Religionen immer wieder zu mahnen.

Krieg ist für mich nicht ultima ratio, weil ratio Vernunft heißt. Und im Krieg setzt die Vernunft aus. Da vergewaltigen serbische Männer ihre bosnischen Nachbarinnen. Da wird mit der Wilhelm Gustloff ein Schiff mit 9000 Flüchtlingen an Bord versenkt. Da metzeln Hutu Tutsi in einer Kirche nieder. Da lassen argentinische Generäle Menschen zu Tode foltern und Kinder verschwinden. Da werden in Mozambique Kinder zu Soldaten gemacht und dazu gezwungen, ihre eigenen Eltern zu töten, weil sie dann so besonders grausame Kämpfer werden. Da verhungern und erfrieren in und um Stalingrad Hunderttausende. Krieg ist das Ende aller Vernunft. Krieg ist nicht die Fortsetzung der Politik mit anderen Mittel, sondern das Ende der Politik. Übrigens: Mir ist sehr bewusst, dass ein Votum gegen den Krieg noch kein Freibrief ist nach dem Motto des Pilatus: Ich wasche meine Hände in Unschuld! Zudem habe ich hohe Achtung vor der Verantwortung des Einzelgewissens. Allerdings muss es sich auch um eine verantwortliche und reflektierte Haltung handeln vor Gott und den Menschen!

Seit jener Erklärung in Amsterdam 1948: „Krieg soll nach Gottes Willen nicht sein", gab es für unsere Welt 30 Tage ohne Krieg! 56 Kriege toben derzeit, und noch schlimmer sind die unerklärten Kriege, bei denen marodierende Banden kämpfen und gar keine Verhandlungspartner mehr auszumachen sind, das Grauen der Zivilbevölkerung aber umso größer ist. Ich will aber dennoch die Hoffnung nicht aufgeben, dass Menschen zum Frieden fähig sind. Die Hoffnung, dass eines Tages Menschen Pflugscharen aus ihren Schwertern schmieden werden und niemand mehr übt für den Krieg (Micha 4,3f.). Werden wir zu Friedensstifterinnen und Friedensstiftern! Das bleibt die Aufgabe gerade religiöser Menschen.

Auf der Weltversammlung für Gerechtigkeit, Frieden und die Bewahrung der Schöpfung in Seoul 1990 wurde formuliert:

„Wir verpflichten uns, unsere persönlichen Beziehungen gewaltfrei zu gestalten. Wir werden darauf hinarbeiten, auf den Krieg als legales Mittel zur Lösung von Konflikten zu verzichten. Wir verlangen von den Regierungen, dass sie eine internationale Rechtsordnung schaffen, die der Verwirklichung des Friedens dient."[1]

---

1 Die Zeit ist da. Schlußdokumente und andere Texte Seoul 1990, Genf 1990. S. 22.

4. Christliche Perspektiven

Als Kirche haben wir theologisch zu argumentieren. Die Kirchen haben zum Frieden zu rufen und keine Rechtfertigung für Krieg abzuliefern. Am 4. Februar 2001 haben wir deshalb die <u>Ökumenische Dekade</u> „Gewalt überwinden" in Potsdam und in Berlin eröffnet. Kirchen in aller Welt beteiligen sich daran. Sie wollen aktiv beitragen zur Überwindung von Gewalt. Im Jahr 2011 soll eine große, weltweite Friedenskonvokation der Kirchen stattfinden. In der Botschaft, die bei der offiziellen Feier im Haus der Kulturen 2001 verlesen wurde, heißt es u.a.: „Wir rufen alle Kirchen und ökumenischen Organisationen nachdrücklich auf, Gemeinschaften des Friedens zu sein und aufzubauen, ...; gemeinsam Buße zu tun für unsere Mitverantwortung für Gewalt; ... sich dafür einzusetzen, den Teufelskreis der Gewalt zu durchbrechen; ..."

Viel zu lange wurde Gewalt theologisch legitimiert. Wenn wir aber das Zeugnis von Jesus Christus selbst aufsuchen, dann finden wir mit der Botschaft von der zweiten Meile und der anderen Wange eine Haltung kreativer Gewaltlosigkeit. Der amerikanische Theologe Walter Wink hat das auf beeindruckende Weise dargestellt. Oder nehmen wir die Szene Jesus in Gethsemane: „Stecke das Schwert an seinen Ort ..." Jesus durchbricht den Kreislauf der Gewalt durch seine aktive Gewaltfreiheit. Ja, ich denke, diese Dekade muss zuallererst in der Bibel neu ansetzen und aus dem biblischen Zeugnis Mut zur Gewaltfreiheit ableiten.[2]

2 Weitere Beispiele s. Margot Käßmann, Gewalt überwinden, Hannover 20002, S. 45ff.

Ich halte es zudem für die entscheidende Frage heute, ob wir die Erfahrungen mit ziviler Konfliktbewältigung endlich als erfolgreiche Möglichkeit darstellen können! Gelernt wird an konkreten Beispielen, ich denke etwa die Nonviolent Peace Force in Sri Lanka. Oder auch der Einsatz von Peace Brigades International in Kolumbien. Die Bemühungen von Aktion Sühnezeichen in Israel. Immer wieder wird der zivile Friedensdienst kaum wahrgenommen. Wenn ein Konflikt eskaliert, scheint immer wieder Gewalt, Militäreinsatz die einzige Lösung. Millionen von Dollar und Euro werden in militärische Lösungen investiert. Wer investiert wie viel in die Erprobung ziviler Konfliktbewältigung? Sollten wir solche Erfahrungen nicht viel stärker in die Öffentlichkeit tragen? Das Gleiche gilt für erfolgreiche Versöhnungsprozesse etwa in Südafrika oder der Auftritt von Ministerin Wieczorek-Zeul bei den Herero „Vergib uns unserer Schuld ...". Das war eine großartige Geste, die verstanden wurde.

Dietrich Bonhoeffer sagte 1934 auf einem Kirchentreffen in Fanoe: „Nur das eine große ökumenische Konzil der Heiligen Kirche Christi aus aller Welt kann es so sagen, daß die Welt zähneknirschend das Wort vom Frieden vernehmen muß und daß die Völker froh werden, weil diese Kirche Christi ihren Söhnen im Namen Christi die Waffen aus der Hand nimmt und ihnen den Krieg verbietet und den Frieden ausruft über die rasende Welt."

Für unsere Kirchen heißt das: Das Thema Frieden auf die Tagesordnung setzen. Auf der internationalen Ebene entschieden für Konfliktbewältigung eintreten, beispielsweise im Sudan – aber unter UN-Mandat!

35

Die Auseinandersetzung mit dem Terror suchen und dem Krieg jede religiöse Legitimation entziehen. Wir als Christinnen und Christen können sagen, wir haben viel gelernt. Allzu lange haben wir selbst Krieg und Terror legitimiert. Heute treten wir klar für den Frieden ein, reden nicht mehr vom gerechten Krieg, sondern vom gerechten Frieden. Und wir wissen: Wenn wir den Frieden nicht im Kleinen einüben, können wir ihn im Großen schwer fordern.

Was also haben die Kirchen zu tun?

· Theologisch gilt es daran zu arbeiten, dass endlich für die Kirchen der Welt klar wird: Krieg soll nach Gottes Willen nicht sein. Wir glauben nicht an einen Kriegsgott, sondern an den Gekreuzigten.

· Innerhalb der Ökumenischen Dekade zur Überwindung der Gewalt gilt es, vielfältige Aktionen und Vernetzungen zu schaffen. Auch über die Grenzen hinaus.

· Gewaltfreie Konfliktbewältigung muss endlich Anerkennung erhalten. Es wäre gut, das an einem Beispiel aufzuzeigen, durchzubuchstabieren, öffentlich zu machen, um Akzeptanz zu gewinnen.

· Zivile Friedensdienste müssen gefördert werden.

· Die UN braucht Unterstützung durch Kirchen und Religionsgemeinschaften.

· Die Kirchen müssen auf europäischer und internationaler Ebene gemeinsam sprachfähiger werden in der Frage der Konfliktbewältigung.

· Kirchen müssen Konflikte untereinander friedlich lösen, durch Dialog statt Konfrontation, Vermittlung statt Schuldzuweisung, sonst können sie nicht glaubwürdig für die Bewältigung von Konflikten außerhalb eintreten.

· Das Weltparlament der Religionen sollte ernster genommen werden.

5. Projekt Weltethos

Der katholische Theologe und Autor Hans Küng hat einmal gesagt: „Kein Friede unter den Nationen ohne Frieden unter den Religionen!"[3] Er ringt daher mit seinem „Projekt Weltethos"[4] unermüdlich darum. Bei seinen Studien und Erfahrungen kam Hans Küng zu dem Schluss, dass sich, bei allen nicht zu unterschätzenden Unterschieden in Glauben, Lehre und Ritus auch Ähnlichkeiten, Konvergenzen, Übereinstimmungen zwischen den Weltreligionen feststellen lassen: Alle Menschen sind vor dieselben großen Fragen gestellt, die Urfragen nach dem Woher und Wohin von Welt und Mensch, nach der Bewältigung von Leid und Schuld, nach den Maßstäben des Lebens und Handelns, dem Sinn vom Leben und Sterben. Alle Religionen sind zugleich Heilsbotschaft und Heilsweg, alle Religionen vermitteln eine gläubige Lebenssicht, Lebenseinstellung und Lebensart, und sie vermitteln bei allen dogmatischen Unterschieden doch einige gemeinsame ethische Maßstäbe. Diese Beobachtungen wurden Küng zur Leitfrage der 90-er Jahre: Was ist dieses gemeinsame Grundethos?

Schon 1988 schrieb Küng: „Gerade die Verbundenheit im Ethos könnte zu einem einigenden friedenstiftenden Band der Völkergemeinschaft werden, könnte beitragen zu einem freieren, gerechteren,

3 Hans Küng, Geschichte, Sinn und Methode der Erklärung zu einem Weltethos, in: Dokumentation zum Weltethos, hg.v. Hans Küng, München 2002, S. 37.
4 Vgl. Hans Küng, Projekt Weltethos, München 1990.

friedlicheren Zusammenleben in unserer zuneh-
mend unbewohnbar werdenden Welt.["] Von hier ausgehend und in Analogie zu Weltpolitik, Weltwirt-
schaft, Weltfinanzsystem prägte Küng den Begriff
„Weltethos". Er soll nicht bindend christlich verstanden werden, sondern in einem neuen interreligiös-
interkulturellem Sinn. Gläubige aller Religionen und
Nichtgläubige in allen Kulturen sollen hier ihr
Gemeinsames finden. Es geht um ethische Basis-
standards, die von allen bejaht werden können.

Zwei Grundprinzipien für ein humanes Ethos werden benannt: Jeder Mensch soll menschlich und nicht
unmenschlich behandelt werden, und die so genann-
te goldene Regel, was du nicht willst, das man dir
tut, das füg auch keinem anderen zu bzw. in der biblischen Fassung: „Alles nun, was ihr wollt, dass euch
die Leute tun sollen, das tut ihnen auch!" (Mt 7, 12)
Vier unverrückbare Weisungen bezüglich derer, die
mit großen religiösen und philosophischen Traditionen übereinstimmen, werden von Küng benannt:

1. Habt Ehrfurcht vor dem Leben. Die uralte
   Weisung: Du sollst nicht töten, verstanden in der
   heutigen Zeit als Verpflichtung auf eine Kultur
   der Gewaltlosigkeit und der Ehrfurcht vor allem
   Leben.
2. Handle gerecht und fair. Die uralte Weisung: Du
   sollst nicht stehlen, verstanden heute als
   Verpflichtung auf eine Kultur der Solidarität und
   eine gerechte Wirtschaftsordnung.
3. Rede und handle wahrhaftig. Die uralte Weisung:
   Du sollst nicht lügen, verstanden heute als eine

5 Epilog zum Buch über die chinesische Religion von 1988.

38

Verpflichtung auf eine Kultur der Toleranz und ein Leben in Wahrhaftigkeit.
4. Achtet und liebet einander. Die uralte Weisung: Du sollst Sexualität nicht missbrauchen, verstanden heute als eine Verpflichtung auf eine Kultur der Gleichberechtigung und die Partnerschaft von Mann und Frau.

Das Projekt „Weltethos" steht im Dienst einer weltweiten Verständigung zwischen den Religionen mit dem Ziel eines gemeinsamen Menschheitsethos, das allerdings die Religion nicht ablösen soll. Ethos ist und bleibt, so Küng, nur eine Dimension innerhalb der einzelnen Religionen und zwischen den Religionen. Es geht nicht um eine Einheitsreligion, einen Religionencocktail oder einen Religionsersatz durch ein Ethos. Das ist mir wichtig, da ich von „Religionsmischmasch" gar nichts halte. Vielmehr geht es um ein Bemühen um den dringend erforderlichen Frieden zwischen den Menschen von den verschiedenen Religionen dieser Welt her. Seine Vision hat Hans Küng in vier Sätzen zusammengefasst:

„Kein Frieden unter den Nationen ohne Frieden unter den Religionen, kein Friede unter den Religionen ohne Dialog zwischen den Religionen, kein Dialog zwischen den Religionen ohne globale ethische Maßstäbe, kein Überleben unseres Globus ohne ein globales Ethos, ein Weltethos."

Ja, zum Frieden gehört ganz gewiss auch der Dialog der Religionen. Hier liegt mir an Klarheit und Ehrlichkeit, in der auch Irritierendes, Fremdes thematisiert werden kann. Wahrscheinlich haben wir diesen Dialog zu lange einzelnen Interessierten und Experten überlassen. Es wird darum gehen, auch die

Begegnung im Alltag zu suchen. Voraussetzung dafür ist aber, dass wir unsere eigene Religion, unseren eigenen Glauben kennen. Für mich ist Christus der Weg, die Wahrheit und das Leben und nicht der Gott, von dem Mohammed im Koran spricht. Aber ich werde dafür eintreten, dass Menschen in Deutschland ihren Glauben in Freiheit ausüben können. Dazu gehört ein klares Ja zu den Grundlagen dieser Freiheit, unserer Verfassung. Mir scheint der Begriff der Freiheit der Schlüsselbegriff zu sein. Nur wenn sie Religionsfreiheit, Glaubens- und Meinungsfreiheit bewusst bejahen, können Religionen zum Faktor der Konfliktentschärfung werden.

6. Kann Religion Konflikte entschärfen?

In meinem ersten Punkt habe ich viele gewaltsame Auseinandersetzungen unserer Tage benannt, in denen Religion ganz offensichtlich Konflikte verschärft. Aber es gibt auch gegenteilige Fakten, die allzu selten wahrgenommen werden. Markus Weingardt hat in einer Studie zum Thema „Das Friedenspotential von Religionen"[6], die im vergangenen Jahr abgeschlossen wurde, in mehreren Fallstudien gezeigt, dass religiös motivierte Akteure zur Verminderung von Gewalt in politischen Konflikten beitragen. Am Beispiel des Konfliktes zwischen Argentinien und Chile etwa, wird erkennbar, wie katholische Christen vermittelnd wirken konnten. In Kambodscha waren es buddhistische

---

6 Markus Weingardt. Das Friedenspotential von Religionen, unveröffentlichtes Manuskript Juni 2006.

Mönche, die bei den Friedensverhandlungen eine zentrale Rolle spielten. Im Ost-Timor-Konflikt war es Friedensnobelpreisträger Bischof Belo, der maßgeblichen Anteil daran hatte, dass die grausamen Verfolgungen der Weltöffentlichkeit überhaupt bekannt wurden. Wer die vierzig (!) Beispiele aus aller Welt in Weingardts Studie liest, kann nur staunen. Vieles davon wird öffentlich kaum wahrgenommen. Was wissen wir eigentlich über die Vermittlungsbemühungen in Sambia oder Nicaragua, auf Sri Lanka oder im Kongo? Nehmen wir überhaupt wahr, was religiös motivierte Vermittler dort leisten? Nach der Lektüre der Studie bin ich überzeugt, dass wir viel zu sehr fixiert sind auf Selbstmordattentäter, die ihr grauenvolles Tun religiös begründen, auf Fundamentalisten, die meinen, im Namen Gottes sei Gewalt zu rechtfertigen und auf Kriegstreiber mit Kreuzzugsmentalität. Die Öffentlichkeit muss endlich auch sehen, was an mühseliger Friedensarbeit geleistet wird, oft ohne finanzielle Mittel allein mit der Kraft der Überzeugung und dem langen Atem, den Religion schenken kann.

Weingardt kommt in seinen Untersuchungen zu dem Schluss, dass Glaubwürdigkeit, Verbundenheit mit der Bevölkerung und ein Vertrauensbonus entscheidend dafür sind, dass religiös motivierte Akteure erfolgreich in gewaltsamen Konflikten vermitteln. Ihr Eintreten für den Frieden begründen sie explizit „mit ihrem Glauben bzw. aus den Überlieferungen und heiligen Schriften ihrer Religion."[7] Weingardt zeigt

7 Ebd. S. 391.

auf, dass der Erfolg der Konfliktvermittlung von religiös motivierten Akteuren „voll und ganz auf ihrer Überzeugungskraft und Fähigkeit"[8] beruht. Glaubhaft aber seien die Vermittelnden nur, wenn sie neben dem Vertrauen der Konfliktparteien auch die notwendigen Kompetenzen hätten, den Konflikt aus eigenem Erleben kennen und über Kontakte verfügen. Weingardt erkennt in den religiös motivierten Vermittlungsversuchen eine „emotionale Konfliktbearbeitungskompetenz"[9]. Das finde ich einen spannenden Begriff. Es sind die kleinen Gesten, wie der Besuch eines Flüchtlingslagers, die Teilnahme an einer Demonstration, die Kontaktaufnahme mit Rebellenführern, ein Gebet im Minengebiet, die Bereitschaft, für den eigenen Friedenswillen auch ins Gefängnis zu gehen oder gar das eigene Leben zu riskieren, die Vertrauen schaffen. Es geht ja oft nicht nur um die harten Fakten, sondern um tiefer liegende Konfliktdimensionen.

Nachdem ich diese Studie wahrgenommen habe, bin ich überzeugt, wir müssen uns als Christinnen und Christen noch stärker ausbilden lassen in gewaltfreien Formen der Konfliktbewältigung. Und das gilt für alle anderen religiös motivierten Menschen ebenso. Der vorhandene Vertrauensbonus, die Verankerung vor Ort, das Verbleiben auch nach dem Konflikt, sie sind eine großartige Chance. Hier liegt ein enormes Potentzial der Religionen, das viel bewusster ausgeschöpft werden sollte. Die Glaubwürdigkeit muss durch Fachkompetenz unterfüttert werden.

8 Ebd. S. 409f.
9 Ebd. S. 415.

7.Wege in die Zukunft

7.1. Geschichten erzählen

Religion lebt vom Erzählen, vom Weitererzählen der Gotteserfahrung und der Menschenerfahrung. Deshalb können wir dazu beitragen, dass die Geschichten vom Krieg erzählt werden. Die grausamen, lebenszerstörenden Geschichten, damit Menschen nicht vergessen, was Krieg bedeutet. Und die Hoffnungsgeschichten müssen erzählt werden, wie Konflikte überwunden wurden, die Geschichten von gelingender Versöhnung und Leben, das neu blühen kann. Viel zu wenig wissen wir von den Erfahrungen gelungener Konfliktvermittlung. Aus diesen gelungenen Erfahrungen lässt sich lernen und Mut schöpfen für zukünftige Konflikte. Es muss sich erst noch herumsprechen, dass es auch gewaltfreie Lösungen gibt.

7.2 Wehrpflicht abschaffen

Ich bin überzeugt, Religionen müssen sich gegen Pflichtdienste an der Waffe aussprechen. Sie sind mit dem Gewissen eines Menschen nicht vereinbar. Gewissensfreiheit ist ein Grundrecht in unserem Land. Und ein Grundrecht kann nicht erst auf Antrag gewährt werden, das ist bei der Religions- und Meinungsfreiheit ja auch nicht so. Jede muss mit ihrem und jeder muss mit seinem Gewissen vereinbaren, ob sie oder er sich an einem Waffeneinsatz und der Tötung anderer Menschen beteiligen kann. Das gilt auch in einer Freiwilligen-Bundeswehr. Vorgestern wurde das 50-jährige Jubiläum der Gründung der

Zentralstelle zur Beratung von Kriegsdienstverweigerern in Berlin gefeiert. Längst gibt es keine Wehrgerechtigkeit mehr, wenn von 370 000 jungen Männern eines Jahrgangs nur 70 000 zum Grundwehrdienst und 90 000 zum Zivildienst herangezogen werden. Zudem gibt eine Gesellschaft ein deutliches Signal ihres Friedenswillens, wenn sie ihren Bürgern keine Pflicht zum Waffendienst mehr auferlegt. Das würde uns in Deutschland gut anstehen.

7.3 Freiwilligendienste stärken

Die Zukunft liegt in Freiwilligendiensten, davon bin ich überzeugt. Gerade religiös motivierte Menschen haben ein zentrales Interesse, sich für andere zu engagieren. Viele junge Leute sind im Freiwilligen Sozialen Jahr (FSJ) erstmals mit den so genannten Schwachen der Gesellschaft konfrontiert: mit geistlich Armen, Behinderten, solchen, die Leid tragen, mit Kindern mit Lernproblemen, Alten. Soziales Lernen von großer Dichte ist angesagt, Begegnung mit Fremden. Und dieses soziale Lernen hat immer eine Rückwirkung auf die Persönlichkeit. Dass jeder Mensch eine eigene Würde hat – und sei er in seinen Lebensäußerungen noch so eingeschränkt, das ist zu lernen im Freiwilligen Sozialen Jahr. Dass die Schöpfung bewahrt werden will, dass es dazu Geduld und manche kleine Schritte braucht, das ist zu lernen im Freiwilligen Ökologischen Jahr.

Und dass außerhalb der Grenzen Deutschlands manches anders ist, dass wir über eine Fremdheitserfahrung etwas über unsere Identität erfahren, das ist zu lernen im Freiwilligen Diakonischen Jahr.

Gleichzeitig gibt es Programme für Jugendliche, die aus dem Ausland einreisen. Da geht es um ein Lernen über nationale und kulturelle Grenzen hinweg. Die ökumenische Bewegung als Friedensbewegung ist einst aus der Jugendarbeit entstanden, weil junge Leute sich über Grenzen hinweg kennen gelernt hatten. So wird ein Beitrag zu einer friedensfähigen Welt geleistet.

So lernen junge Leute Neugier auf neue Begegnungen, sie lernen, sich für andere und für Frieden, Gerechtigkeit und Bewahrung der Schöpfung zu engagieren, und so leistet das Freiwillige Soziale Jahr auch einen unschätzbaren Beitrag zur Demokratie. Das Entwicklungshilfeministerium hat angekündigt, ab 2008 freiwilliges Engagement junger Menschen, die in Länder des Südens gehen, mit mehr als 500 Euro im Monat zu fördern. Das ist ein ermutigendes Zeichen!

Solches Lernen wird helfen, andere zu verstehen und Konflikte friedlich zu lösen.

7.4 Rüstungsexporte beenden

Gerade erst haben die beiden großen Kirchen der Bundesregierung eine expansive Rüstungsexportpolitik vorgeworfen. Wir beklagen die Kriege dieser Welt, aber wir verdienen auch an ihnen! Allein im Jahr 2005 gab es einen rasanten Anstieg der Rüstungsexporte. Kriegswaffen im Wert von 1,6 Milliarden Euro sind aus Deutschland ausgeführt worden, das war ein Anstieg von 40 Prozent gegenüber dem Vorjahr! Auch das Volumen der Ausfuhrgenehmigungen wurde von 3,8 Milliarden 2004 auf

4,2 Milliarden Euro 2005 gesteigert. Wir sind besonders beunruhigt, dass Rüstungsgüter mit einem Volumen von 1,65 Milliarden Euro in Länder geliefert werden, für die wir Entwicklungshilfe leisten. Was bedeutet das? Gerade die Lieferung von kleinen und leichten Waffen in diese Länder hat ja die Fortdauer gewaltsamer Konflikte zur Folge. Ja, wir brauchen endlich verbindliche Standards für Rüstungsexporte – die ich letzten Endes für inakzeptabel halte. Standards aber bitte zumindest, das wäre doch ein Ziel für die EU-Ratspräsidentschaft Deutschlands.

7.5 Wahrheit

Die Macht der Bilder wird dabei immer stärker. Krieg ist eine Nachricht unter vielen in der Tagesschau. Da arbeitet CNN mit „imbedded journalists" und sendet Fernsehbilder von vermeintlich präzisen, sauberen Angriffen, die keinen Menschen treffen. Und al-Dschasira zeigt extensiv die hässliche Seite des Krieges, Bilder, bei denen der Fernsehzuschauer wegsehen muss. Tote mit zerfetzten Köpfen, einen Pfleger, der versucht, mit einem Lappen Blut aufzuwischen. Ja, es gibt auch einen Krieg der Bilder in unserer Medienwelt. Hier können Religionen zum Frieden beitragen, indem sie die Wahrheit hinter den Bildern vermitteln. Sie sind ja vor Ort, ihre Religionsgemeinschaften erleben, was Krieg bedeutet.

7.6 Im Kleinen lernen

Ich denke, dass Projekt Weltethos als wichtiger Ansatzpunkt muss in die Praxis vor Ort überführt werden. Die Frage ist beispielsweise, ob wir Wege finden, das Projekt herunterzubrechen, etwa auf ein Kurrikulum für Kindertagesstätten. Gerade dort leisten Erzieherinnen viel Verständigungsarbeit zwischen Kindern unterschiedlicher religiöser Prägung und ohne Religion. Grundstandards eines respektvollen Miteinanders und gewaltfreie Konfliktbewältigung müssen früh gelernt werden.

7.7 Das Projekt Weltethos umsetzen

Im Dialog miteinander, in der Begegnung zwischen Religionen kann Vertrauen wachsen. Und im gemeinsamen Willen, zur Entschärfung beizutragen, kann das Projekt Weltethos große Dienste leisten. Es muss nicht immer alles neu erfunden werden. Besonders wichtig aber ist, dass Religionen sich nicht gegenseitig verteufeln. Dass sie aufmerksam sind auf Fundamentalismus in den eigenen Reihen, stets für die Freiheit des anderen eintreten und jede Form von Gewalt entschieden ablehnen, ja als Gotteslästerung brandmarken. Das erwarte ich von Angehörigen jeder Religion.

Zum Schluss

Europa hat grausam genug erlebt, was es heißt, andere mit Krieg zu überziehen und wie eine Zivilbevölkerung unter den Großmachtphantasien einzelner leiden kann. Sollte es nicht möglich sein, aus den Erfahrungen von Vernichtung und Vertreibung, von Zerstörung und Flucht ein tief verwurzeltes Engagement für friedliche Konfliktlösungen voranzutreiben von den Religionen in Europa her. Doch, ich bin überzeugt, da könnten wir Vorreiter sein! Es geht darum, dass wir aus der Erfahrung der Vergangenheit heraus an der Spitze der Bewegung für eine friedensfähige Welt stehen!

Friedrich Siegmund Schultze hat 1946 formuliert: „Der Haß ist sicherlich eine der stärksten Mächte im Leben der Menschheit. ... Der Haß zerstört die Güter, die die Menschheit empfing und vermehrte. Diese reiche Erde, den Menschen als Besitz anvertraut, droht die Stätte ihres Unterganges zu werden. Der Garten, der aus der Wildnis erstand, wird wieder zur Wüste. Die Felder, mit unendlicher Mühe angelegt, werden versengt. ... All die Kräfte, die dem Aufbau dienen sollten, werden in den Dienst des Todes gespannt. ... Vielleicht, dass nicht in jedem Fall, in dem die Erde versengt oder der Tod gestreut wird, der Haß den Zerstörer treibt; aber unsichtbar steht der Dämon des Hasses hinter dem, der die Bombe plant oder wirft. Und die Menschheit läßt sich wie stets in die Verantwortungslosigkeit hineinschläfern, die die Tat ermöglicht, die den Täter schützt, ja bewundert."[10]

Nein, wir dürfen uns nicht in eine Verantwortungslosigkeit hineinschläfern lassen! „Als Christin sehe ich den Friedensauftrag biblisch begründet. Und es ist mir wichtig, mit Menschen anderer Religionen zusammenzuarbeiten, die sich für die Überwindung von Krieg einsetzen. Das ist nicht naiv, sondern hoffnungsvoll. Und es ist letzten Endes ein Eintreten für

10 Friedrich Siegmund-Schultze, Friedenskirche, Kaffeeklappe und die ökumenische Vision. Texte 1910-1969, hg. V. Wolfgang Grünberg, München 1990, S. 193f.

Menschenwürde, ja Menschlichkeit und Zukunfts-
fähigkeit. Dabei ist es wichtig, die Hoffnungsgeschichten wei-
terzuerzählen, auch zu sehen, wo Friedensfähigkeit
wächst. Seit den 90-er Jahren wurden mehr Kriege
durch Verhandlungen zwischen den Gegnern als
durch den Sieg einer Seite beendet. Zwischen 2000
und 2005 wurden 17 gewaltsame Konflikte durch Verhandlungen und nur drei durch „Siege" beendet.
Friedensschlüsse scheinen stabiler als Abkommen
früher. Doch, mit diesem Hoffnungsbild will ich
schließen; Wenn diese Welt jedes Jahr eine Billion
Dollar für Verteidigung ausgibt, kommt sie vielleicht
endlich dazu, einen Bruchteil dieser Summe für
Prävention, Friedensinitiativen und die Stabilisierung
von Frieden bereitzustellen. Es bleibt die große Hoffnung, dass die Menschheit den Krieg überwinden
kann. Und ich bin zutiefst überzeugt, die Religionen
können dazu einen entscheidenden Beitrag leisten,
indem sie je einzeln, aber auch gemeinsam für den
Frieden eintreten, Feindbilder überwinden, Dialoge
führen und Vertrauen schaffen über die Grenzen von
Nationen, Kulturen und religiöser Überzeugung hinweg. Und das, die Anwesenheit von Religion und
gläubigen Menschen, kann dann auch ein Zeichen
für diejenigen Menschen sein, die nicht an einen Gott
glauben. Um das zu erläutern, möchte ich schließen
mit einer Passage aus dem Buch „Nachtzug nach
Lissabon", das der Schweizer Philosoph Peter Bieri
unter dem Pseudonym Pascal Mercier geschrieben
hat. Dort erklärt ein junger Mann, der selbst nicht
gläubig ist, warum ihm Religion dennoch wichtig ist:

„Ich möchte nicht in einer Welt ohne Kathedralen leben. Ich brauche ihre Schönheit und Erhabenheit. Ich brauche sie gegen die Gewöhnlichkeit der Welt. Ich will zu leuchtenden Kirchenfenstern hinaufsehen und mich blenden lassen von den unirdischen Farben. Ich brauche ihren Glanz. Ich brauche ihn gegen die schmutzige Einheitsfarbe der Uniformen. Ich will mich einhüllen lassen von der herben Kühle der Kirchen. Ich brauche ihr gebieterisches Schweigen. Ich brauche es gegen das geistlose Gebrüll des Kasernenhofes und das geistreiche Geschwätz der Mitläufer. Ich will den rauschenden Klang der Orgel hören, diese Überschwemmung von überirdischen Tönen. Ich brauche ihn gegen die schrille Lächerlichkeit der Marschmusik. Ich liebe bedeutende Menschen. Ich brauche ihren Ausblick. Ich brauche ihn gegen das Gift des Oberflächlichen und Gedankenlosen. ... Ich brauche die Heiligkeit von Worten, die Erhabenheit großer Poesie. All das brauche ich. Doch nicht weniger brauche ich die Freiheit und die Feindschaft gegen alles Graussame. Denn das eine ist nichts ohne das andere."[11]

Besser kann das nicht beschrieben werden.

11 Pascal Mercier, Nachtzug nach Lissabon, S. 118 ff.

50

LAUDATIO HEIDE SIMONIS

Hans Hoffmeister
Chefredakteur der Thüringischen
Landeszeitung (TLZ)

Elisabeth, die vor 800 Jahren geborene Thüringer Landesmutter, hat ein vorbildliches Leben geführt. Davon ist jetzt überall die Rede.

„Vorbildlich? Wenn Elisabeth heute in Thüringen leben würde, müsste sie mit massiven Reaktionen rechnen", schreibt meine Kollegin Gerlinde Sommer, stellvertretende Chefredakteurin der TLZ, zum Frauentag soeben in unserer Zeitung. Elisabeths Politik des vorbehaltlosen Gebens in der Not würde – so mutmaßt Sommer – womöglich als staatsgefährdend eingeschätzt. Der Landesrechnungshof könnte nicht dulden, dass sie für die Ärmsten die Kornkammern öffnen, dass sie das Geld des Landes ohne Antrag unbürokratisch und nur der Not gehorchend verteilen würde. Elisabeth müsste sich womöglich auch vor Bürgern gegen Anzeigen rechtfertigen: „Diese Frau verschleudert unseren Besitz! Wo bleibt denn da die rechtliche Grundlage?"

Dabei würde Elisabeth 2007 ihre guten Taten nicht auf Menschen in Thüringen, Deutschland oder Europa beschränken. Sie würde – ich zitierte weiter – für eine gerechtere Welt kämpfen, in die ärmsten Regionen dieser Welt reisen und dann ihren Thüringern sagen, dass es besser sei, einen Teil der Staatsgelder direkt in die Entwicklungshilfe zu geben

– als Hilfe zur Selbsthilfe. Und sie würde dabei nicht fragen, ob das eigentlich Ländersache sei.

Ja, diese Elisabeth ist eine ziemliche Zumutung, so die Schlagzeile über diesem Artikel in der TLZ.

Elisabeth 2007 würde nicht Absichtserklärungen formulieren – sie würde radikal handeln. Sie würde dabei viele Sympathien von Freunden verspielen. Eine Koalition würde niemand mit ihr bilden wollen, weil sie nicht bereit wäre, um des politischen Überlebens willen realpolitische Kompromisse einzugehen.

Elisabeth, so resümiert Gerlinde Sommer, wäre als Politikerin 2007 bald gescheitert. Sie würde all die Sozialsysteme und gewiss auch die Marktwirtschaft durcheinander bringen.

Ist es heutzutage vorstellbar, sich eine solche Frau zum Vorbild zu nehmen?

Heide Simonis war Politikerin, nachdem sie bereits in der Entwicklungshilfe persönlich vor Ort, nämlich in Sambia, engagiert war. Jetzt ist die einstige Ministerpräsidentin der Politik mit ihren 13 Terminen am Tag ledig – und stellt sich an die Spitze von Entwicklung dort, wo die Not am größten ist.

Schon als sie noch in Schleswig-Holstein regierte, sagte ein älterer Mann auf einer Bauernversammlung kopfschüttelnd zu ihr: „Eene eenzige Frau regeert dat wunnerschöne Land ganz alleen. Oh ne, dat dörf doch nicht sin!"

„Is awer so worn!", antwortete Heide Simonis in schleswig-holsteinischem Platt.

Diese „eenzige Frau" steht jetzt an der Spitze von Unicef Deutschland.

Aus welchem Holz diese Frau geschnitzt ist, das mag man an der kleinen Geschichte ablesen, wie sie (und nicht er) den Hochzeitsantrag machte – „einer musste die Sache ja in die Hand nehmen", meinte sie trocken. Das war in diesem Falle nicht Professor Udo Ernst Simonis, das war sie.

1943 in Bonn geboren, studierte sie nach dem Besuch eines Mädchengymnasiums Volkswirtschaft und Soziologie, machte ihr Examen als Diplomvolkswirtin, war Lektorin für Deutsch an der Universität in Lusaka. Dann ging sie als Tutorin nach Tokio zum Goethe-Institut und arbeitete später als Marketingfrau international in der Privatwirtschaft. 1972 kehrte sie nach Kiel zurück – als Berufsberaterin für Abiturienten und Hochschüler.

Der SPD trat Frau Simonis 1969 bei, vier Jahre später saß sie im Kreisvorstand und sehr schnell auch im Bundestag, dort als Sprecherin im Haushaltsausschuss. Der schleswig-holsteinische Landtag wählte sie 1993 zur Ministerpräsidentin, zweimal wurde sie im Amt bestätigt. 2005 war sie wieder Spitzenkandidatin. Auf welche Weise sie ihr Amt verlor – nämlich durch offensichtlichen Verrat in den eigenen Reihen, vermutlich durch ein so genanntes Alpha-Tier – ist allgemein bekannt. Das war im

Frühjahr 2005. Frau Simonis ließ sich von diesem Schock nur kurze Zeit lähmen. Schon im Juni 2005 wurde sie in den Unicef-Vorstand gewählt, um im Oktober desselben Jahres ehrenamtliche Bundesvorsitzende zu werden, dieses Amt übt sie seit dem 1. Januar 2006 aus.

Sie hat ein Buch geschrieben, das den bezeichnenden Titel trägt „Unter Männern", das es auch als Taschenbuch gibt. Alle Honorare stiftete sie übrigens. In diesem Buch kommt auch Anekdotisches zur Sprache – aus dem Leben unter den „Alpha-Tieren". Parallelen zu Karl Mays „Unter Geiern" seien gewollt, hieß es in einer Buchbesprechung. „Hut ab, Frau Simonis", schrieb die Tageszeitung „Die Welt". Sie lege ihre Triebfedern ungeschminkt offen, schrieben die Kieler Nachrichten.

Wir sind gespannt, Frau Simonis, heute hier in Weimar zu erfahren, was sie treibt, was uns alle treiben sollte. Ich habe selbst mit Entwicklungshilfe über viele Jahre meines Lebens konkret zu tun gehabt. Und die TLZ widmet der Weltoffenheit, die sie neben der Heimatverbundenheit im Titel führt, nämlich dem Helfen in dieser Welt, immer wieder Aktionen – in Bosnien, in Ruanda, in Afghanistan, in Polen, in Bulgarien... In den letzten Jahren verstärkt auch in Weimar, wo es gilt, eine Bürgerstiftung zu unterstützen, die sich besonders auch um Straßenkinder kümmert. Das wichtigste bei all den Aktionen waren und sind immer die Leser, die Menschen hier zu Lande.

Frau Simonis, ich kann Ihnen versichern, Thüringer engagieren sich! So lautete eine der ersten TLZ-Schlagzeilen zum Auftakt einer solchen Aktion – in diesem Falle für unsere Partnerwojewodschaft Krakau. Diese Schlagzeile sollte ein Selbstverständnis signalisieren, aber auch einen Imperativ: „Thüringer engagieren sich!"

So unterstützen wir als Zeitung auch diese Redenreihe seit ihrem Bestehen. Und das ist schon seit mehr als zehn Jahren der Fall. Besonders gerne diese, weil wir wissen, dass Thüringer sich engagieren, dass sie sich an der Quelle informieren, dass sie Bescheid wissen wollen über das, was wirklich wichtig ist.

Wir sind gespannt auf Ihre Rede, Frau Simonis, denn Sie werden uns Ihrerseits sagen, was aus Ihrer Sicht wirklich wichtig ist – so wie uns das die eingangs geschilderte Elisabeth schon vor 800 Jahren auf ihre, vermutlich aber gar nicht so ganz andere Weise gesagt hat, wie Sie es uns nun sagen werden.

KINDERARMUT IN DEUTSCHLAND UND DER WELT

Heide Simonis
Bundesvorsitzende von UNICEF Deutschland

Ich möchte mich bei Ihnen bedanken, über ein Thema sprechen zu können, von dem wir alle zusammen noch vor einigen wenigen Jahren angenommen haben, dass es uns in Europa und schon gar nicht in Deutschland beunruhigen könnte: nämlich Kinderarmut und Kindergesundheit. Für viele von uns waren diese Themen – von gelegentlichen Debatten über die ein oder andere Gesundheitsreform einmal abgesehen – lange Zeit Probleme der Dritten Welt. Doch spätestens nach so manchem öffentlich bekannt gewordenen Fall von Verwahrlosung, Missbrauch oder Armut von Kindern, müssen wir uns auch hierzulande ernsthafte Gedanken dazu machen.

Insgesamt leben 2,1 Milliarden Kinder und Jugendliche auf der Erde. 90 Prozent davon in den Entwicklungsländern. Jedes zweite Kind auf der Welt lebt in Armut – also knapp eine Milliarde Mädchen und Jungen. Es fehlt ihnen an den grundlegendsten Dingen, wie sauberem Wasser, medizinischer und schulischer Versorgung oder einfach nur einem Dach über dem Kopf. Die meisten von ihnen haben täglich weniger als einen US Dollar zur Verfügung. Diese Kinder haben eine Kindheit, die diesen Namen wahrlich nicht verdient. Ich möchte Ihnen dies gern anhand einiger Zahlen verdeutlichen:

59

Seit 1990 wurden über 1,6 Millionen Kinder in kriegerischen Auseinandersetzungen getötet. 270 Millionen Kinder haben keinen Zugang zu einer halbwegs passablen Gesundheitsversorgung, die Kinder- und Müttersterblichkeit ist herzzerreißend.

Jedes vierte Kind unter fünf Jahren – also etwa 150 Millionen Kinder – leidet in den Entwicklungsländern unter Mangel- und Unterernährung. Weit mehr als fünf Millionen davon sterben jedes Jahr aus diesem Grund – das sind mehr Kinder als in Deutschland in dieser Altersgruppe überhaupt leben!

Über 400 Millionen Kinder haben keinen Zugang zu sauberem Trinkwasser. 500 Millionen Kinder wachsen ohne Latrinen oder hygienische Abwasserversorgung auf. Jeden Tag sterben 4.500 Kinder, weil sie kein sauberes Trinkwasser und keine ausreichenden sanitären Bedingungen haben. Das bedeutet: Alle 20 Sekunden stirbt irgendwo auf dieser Welt ein Kind genau aus diesem Grund. Alle 20 Sekunden ein Kind!

Ein besonderes Problem vieler Kinder in armen Regionen, das viel mit unsauberem Wasser zu tun hat, sind Durchfallerkrankungen. Die meisten der fast zwei Millionen Menschen, die jedes Jahr daran sterben, sind Kinder. Ich halte das für einen unhaltbaren Zustand, wenn man bedenkt, dass man für gerade einmal fünf Euro 100 Tütchen orales Rehydrationssalz beschaffen kann, um Kinder vor der lebensgefährlichen Austrocknung zu bewahren.

Den Kindern in der Dritten Welt fehlen nicht nur häufig die grundlegendsten Dinge zum Leben. Nein, ihnen werden vor allem auch elementare Rechte vorenthalten. Der Teufelskreis beginnt schon oft mit der Geburt. Jährlich werden 48 Millionen Neugeborene nicht registriert. Das ist in keiner Weise nur ein fehlender, bürokratischer Vorgang. Denn ohne Registrierung haben sie kein Recht auf einen Schulbesuch, sie haben nicht den geringsten Schutz vor sexueller Ausbeutung, Kinderarbeit oder Sklavenhandel. Sie werden nie eine Chance auf eine soziale Leistung haben, weil sie offiziell nicht existent sind.

UNICEF schätzt weiterhin, dass täglich 3.000 Mädchen und Jungen von Menschenhändlern verkauft werden. Viele davon im Übrigen in die Staaten der Europäischen Union. Mehr als zwei Millionen Kinder werden Jahr für Jahr Opfer von sexueller Ausbeutung der übelsten Form. Es ist pervers, dass sich die Umsätze mit Kinderprostitution mittlerweile auf fast sechs Milliarden Euro jährlich gesteigert haben.

Und auch die Kinderarbeit ist nach wie vor ein ganz zentrales Problem. Mehr als 170 Millionen Kinder und Jugendliche arbeiten unter teils schrecklichen, stark gesundheitsschädlichen Bedingungen. Besonders schlimm ergeht es den Kindern, die zu Zwangsarbeit, Prostitution oder zum Einsatz als Kindersoldaten gezwungen werden. Sie erleiden Defizite, die ihnen ihre Kindheit völlig zerstört. Neben der körperlichen Last leiden sie vor allem unter massiver, geistiger und seelischer Armut. In

Bordellen, Fabrikhallen, als Arbeitssklaven in privaten Haushalten, als Köder für Schlepper, als illegales Adoptions-„Gut": Diesen Kindern wird alles genommen, was sie zu Menschen mit eigener Würde heranwachsen lässt. Sie werden zu Menschen, die nie eigene Chancen haben, kein eigenes Glück, keine eigene Zukunft.

All diese Probleme werden langfristig nur durch Aufklärung und Bildung gelöst werden können. Doch auch hier stehen die Entwicklungsländer noch immer vor gewaltigen Herausforderungen. Etwa 115 Millionen Kinder sind weltweit nicht eingeschult. Die meisten davon in Afrika und Südasien. Die Mehrzahl von ihnen sind übrigens Mädchen. Die Folge dieser jahrzehntelangen Fehlentwicklung sind rund 770 Millionen Erwachsene, die weder lesen noch schreiben können. Bildung ist aber der einzige Schlüssel, um dem Teufelskreis aus Armut und Krankheit zu entfliehen. Wer lesen und schreiben gelernt hat, hat die Chance auf einen Ausbildungsplatz und somit die Möglichkeit, später einmal Geld zu verdienen und ein selbstbestimmtes Leben zu führen. Bildung ist auch im wahrsten Sinne des Wortes überlebenswichtig. Sie können sich sicher vorstellen, wie schwierig es ist, Menschen über Gefahren und Gesundheitsrisiken, wie z.B. AIDS aufzuklären, die nie in ihrem Leben eine Schule besucht haben.

AIDS wäre natürlich selbst ein abendfüllendes Thema. Einige Stichworte möchte ich Ihnen gerne dazu nennen. 25 Jahre nach dem ersten Auftreten dieser schrecklichen Seuche stirbt jede Minute ein

Kind an AIDS! Schauen Sie ruhig mal auf die Uhr und überlegen Sie, wie lange wir heute Abend hier schon zusammensitzen und wie viele Kinder in der Zwischenzeit an AIDS gestorben sind. Jede Minute ein Kind! Tag für Tag, Woche für Woche, Jahr für Jahr.

Insgesamt starben seit 1981 mehr als 25 Millionen Menschen an den Folgen von AIDS. Das entspricht der Bevölkerungszahl ganz Skandinaviens. Jedes Jahr kommen etwa 2,8 Millionen Menschen aller Altersklassen hinzu. Ganze Generationen in Teilen Afrikas sind verschwunden. Sie lassen Kinder als Waisen zurück. Allein in Afrika werden bis 2010 voraussichtlich 15,7 Millionen Kinder ihre Mutter, ihren Vater oder beide Elternteile verloren haben. Die Großeltern versuchen oft mit letzter Kraft das Überleben der Enkelkinder zu sichern. Die Kinder arbeiten, kochen, putzen und machen die Wäsche. Bei einer Projektreise nach Indien, die ich kürzlich gemeinsam mit dem ZDF-Moderator Steffen Seibert unternommen habe, konnte ich mir selbst einen Eindruck machen. Einen Eindruck in einem Land, das weltweit die höchste Infektionsrate hat. 5,7 Millionen HIV-infizierte Menschen leben allein in Indien. Man muss der indischen Regierung zu Gute halten, dass sie sich sehr um Aufklärung bemüht, um der Epidemie Einhalt zu gebieten. Erste Ansätze in den Gebieten Indiens, die wir besucht haben, sind Erfolg versprechend.

Weltweit sind insgesamt etwa 2,3 Millionen Kinder mit HIV infiziert. Allein in diesem Jahr sind schätzungsweise 540.000 Kinder hinzugekommen. Besonders betroffen sind übrigens Mädchen, weil sie sich oft aus purer Not prostituieren müssen oder Opfer sexueller Gewalt werden. Schon jetzt sind im südlichen Afrika drei Viertel der neu infizierten jungen Menschen unter 24 Jahren Mädchen. Bei 800.000 Kindern ist die Krankheit bereits ausgebrochen. Weniger als 10 Prozent der Kinder erhalten die so dringend benötigten Viren hemmenden Medikamente. Und nicht nur das. Bislang gibt es kaum geeignete Präparate, um HIV-infizierte Kinder zu behandeln. Hier sind die Pharmaunternehmen gefragt und auch in der Verantwortung. Und sie müssen AIDS-Medikamente billiger anbieten und Lizenzen für Nachahmerprojekte vergeben, um mehr Kindern helfen zu können.

Immer noch ist das Unwissen in den von AIDS betroffenen Ländern groß. Allein in 34 Ländern des südlichen Afrikas – der am stärksten unter AIDS leidenden Region – wissen weniger als die Hälfte der jungen Frauen zwischen 15 und 24 Jahren, wie HIV übertragen wird. Insgesamt hat nur jeder dritte Jugendliche in den Entwicklungsländern ausreichende Information darüber, wie man sich schützt. Oft verbreitet sich AIDS entlang der großen Straßen, auf denen die Fernfahrer unterwegs sind, weil diese vielfach der Auffassung sind, dass AIDS durch den Beischlaf mit einer Jungfrau wieder aus dem eigenen Körper verschwindet. Sie können sich vorstellen, was entlang dieser Straßen passiert. Das Virus breitet sich rasend schnell ins Landesinnere aus und vernetzt sich untereinander. Die Seuche gerät so völlig außer

Kontrolle. Weltweit sterben also immer mehr Menschen an den Folgen von AIDS – und nur die wenigsten kennen die Ursache ihrer Krankheit. Jede zweite HIV-Infektion trifft inzwischen einen jungen Menschen. Auf absehbare Zeit bleibt uns hier nur eine Chance: Der einzig wirksame Impfstoff gegen AIDS ist nach wie vor die Aufklärung.

Hinter all diesen nackten Zahlen verbergen sich furchtbare Einzelschicksale. Und ich könnte Ihnen hier noch viele weitere dieser schrecklichen Zahlen nennen. Ich möchte aber nun lieber darauf eingehen, wie wir Kinderarmut und mangelnder Kindergesundheit in den Entwicklungsländern begegnen können. Denn eins ist mal klar: Wir alle in den Industrieländern tragen für diese Situation eine Mitverantwortung.

UNICEF feiert in diesem Jahr sein 60-jähriges Bestehen. Manchmal sieht es in den Entwicklungsländern auf den ersten Blick so aus, als hätte sich in all den Jahren nicht viel verändert. Als ich zum Beispiel im vergangenen Jahr Schulprojekte in Angola besucht habe, schien mir vieles so wie 1967, als ich mit meinem Mann in Sambia lebte: Kein öffentliches Verkehrswesen, die Mütter mit den Kindern auf dem Rücken und Gefäßen auf dem Kopf, lange Wege laufend und die nächste Krankenstation unerreichbar fern. Denn so manche Regierungen in den ärmsten Ländern haben viel falsch gemacht. Es gab und gibt noch immer leider zu viele Politiker oder Machthaber, denen die Menschen im eigenen Land gleichgültig sind und die lieber an sich denken als daran, das Gemeinwesen zu stärken. Und oft haben Bürgerkriege die mühsam erreichten Fortschritte im Handumdrehen wieder zunichte gemacht. Dagegen müssen wir weiter viel arbeiten.

Aber seit Gründung von UNICEF vor 60 Jahren hat sich auch viel Positives getan. Die Kindersterblichkeit war 1946 sehr viel höher als heute und weit mehr Kinder in der Welt gingen nicht zur Schule. Der Gedanke, dass jedes Kind ein Recht auf Leben, Schutz und Entwicklung hat, lag in weiter Ferne. Und die Meinung der Kinder interessierte die Erwachsenen kaum.

Heute werden weltweit jedes Jahr 2,5 Millionen Kinder durch eine Impfung gerettet. Und – das sage ich auch ein wenig stolz – 40 Prozent des weltweiten Bedarfs an Impfstoffen für Kinder werden von UNICEF beschafft! Dies ist eine wirklich gute Zahl, auf der wir uns aber nicht ausruhen können und wollen. Denn noch immer sterben jedes Jahr 1,4 Millionen Kinder durch Krankheiten, die durch Impfungen verhindert werden könnten und bei denen sich unsere Kinder hierzulande einmal schütteln und vielleicht zwei Tage im Bett liegen.

Um weitere Verbesserungen für die Kinder in der Welt zu erreichen, dringen UNICEF und auch andere Hilfswerke darauf, dass die acht Milleniumsziele der Vereinten Nationen nachhaltig umgesetzt werden. Alle 191 Staaten, die in der UNO vertreten sind, haben sich verpflichtet, sie bis zum Jahre 2015 zu erreichen. Darunter fällt u.a. das Ziel, extreme Armut und

Hunger zu beseitigen, Kindersterblichkeit zu senken, eine Grundschulausbildung für alle Kinder zu gewährleisten und den Einfluss und die Gleichstellung der Frauen zu fördern.

Der Schlüssel zum Erfolg für die Entwicklung in den ärmsten Ländern liegt eindeutig in der Bildung. UNICEF hat sich daher zum Ziel gesetzt, durch das Programm „Schulen für Afrika" die Situation zu verbessern. Gemeinsam mit der Nelson-Mandela-Stiftung und dem Hamburger Reeder Peter Krämer werden zunächst in sechs afrikanischen Ländern einfache Schulen neu gebaut oder instand gesetzt. Eine Schule kostet 10.000 Euro. Die Kinder erhalten Hefte, Stifte. Und Lehrer werden ausgebildet. Die Dorfbewohner brennen die Ziegel selbst und bauen mit. Bislang konnte UNICEF so 190 Schulen neu bauen oder reparieren. Zu jeder Schule gehört auch eine Latrinenanlage und ein Brunnen mit sauberem Trinkwasser. Neben dem gesundheitlichen Aspekt müssen so vor allem die Frauen nicht mehr kilometerweit zur nächsten Wasserstelle laufen. Und alle im Dorf sehen, dass mit der Bildung der Fortschritt Einzug hält.

„Schulen für Afrika" ist ein hervorragendes Beispiel, das zeigt, wie sinnvoll Entwicklungshilfe geleistet werden kann. Und ich kann Ihnen sagen: Wenn Sie einmal sehen, mit welchem Eifer die kleinen Kinder in den Schulen jedes Krümelchen Wissen in sich aufsaugen, dann geht Ihnen wirklich das Herz auf. Und fragen Sie mal die Kinder dort, was sie später werden wollen: Lehrer!

Auch auf anderen Feldern gibt es deutliche Verbesserungen. Denken Sie an die Kinderarbeit. Welches westliches Handelshaus kann es sich heute noch erlauben, dass seine Produkte durch kleine Kinderhände hergestellt wurden? Und UNICEF hilft, arbeitende Kinder vor Ausbeutung zu schützen und sie in die Schule zu bringen. Schon zwei Stunden Unterricht am Tag können das Leben der Mädchen und Jungen entscheidend verändern. Das alles ist noch lange nicht genug, aber immerhin doch eine langsam voranschreitende, positive Entwicklung.

Auch UNICEF hat sich in den vergangenen Jahren verändert. Hat man früher gesagt, die warme Decke und die warme Suppe reicht, ist das heute nur ein Teil unserer Arbeit. Sie umfasst inzwischen eine Bandbreite vom Brunnenbau über Impfprogramme bis zur Lobbyarbeit bei Gesetzesvorhaben. Und UNICEF Deutschland kümmert sich auch um die Probleme in unserem Land. Zwar dürfen wir aus rechtlichen Gründen keine Projekte in Industrienationen fördern. Denn wir gehen zu Recht davon aus, dass ein Staat wie Deutschland in der Lage ist, die nötigen Mittel für die Kinder selbst aufzubringen. Es ist nur eben eine Verteilungsfrage. Und genau da erheben wir auch in Deutschland unsere Stimme und weisen sehr deutlich auf Fehlentwicklungen hin.

Und wie ist sie denn nun, die Lage bei uns im eigenen Land? Gemessen an den Altersgenossen in den Entwicklungsländern – wir hörten eben davon – scheinen unsere Kinder doch im Paradies aufzuwachsen. Sie gehen zur Schule, sind in der Regel ausreichend ernährt und gesund. Handy, Jeans, Computer und Disko gehören zur Grundausstattung für die meisten. Doch – das schöne Bild trügt:

Kinder sind in unserer Gesellschaft eine Minderheit geworden. Wir leben inzwischen in einer kinderentwöhnten Gesellschaft. Dies schafft nicht nur größere Probleme für die Sozialsysteme, die dringend und nachhaltig reformiert werden müssen. Kinder wachsen bei uns auch immer weniger mit Gleichaltrigen auf, was die elterliche Erwartungshaltung an Erfolg und Karriere weiter antreibt. Viele Kinder flüchten sich in Ess- und Schlafstörungen, Alkohol und Drogenmissbrauch.

Was die Zahl der Geburten anbetrifft, so hat diese in der Vergangenheit kontinuierlich abgenommen und sich von 1960 bis 2004 nahezu halbiert. Das Durchschnittsalter der Frauen bei der Geburt des ersten Kindes liegt heute mit knapp 30 Jahren fünf Jahre später als 1960. Bis zum 35. Lebensjahr bleiben 62 Prozent der Hochschulabsolventinnen kinderlos, danach sinkt die Quote zwar auf knapp unter 50 Prozent, aber dennoch liegt Deutschland damit unter dem europäischen Durchschnitt. Auf ein Kind kommen heute in Deutschland im Durchschnitt 4,4 Erwachsene, was die Kindheit auch nicht unbedingt freudvoller gestalten muss.

Auch die wachsende Spaltung in unserer Gesellschaft zwischen arm und reich bekommen die Kinder in vorderster Stellung zu spüren. Jedes zehnte Kind in Deutschland gilt mittlerweile als relativ arm. Der

69

Deutsche Kinderschutzbund schätzt, dass insgesamt 2,5 Millionen Kinder in Deutschland von Armut betroffen sind, wobei Armut bei uns zum Glück in der Regel keine Frage des Überlebens ist, wohl aber eine der Gerechtigkeit. So entscheidet zum Beispiel die soziale Herkunft in keiner anderen Industrienation der Welt so stark über den Schulerfolg eines Kindes, wie hier in Deutschland. Welch ein Armutszeugnis für ein reiches Land, wie wir es sind.

Und auch die Zahlen des zweiten PISA-Bundesländervergleichs sind äußerst ernüchternd. Bei gleicher Intelligenz und gleichem Wissensstand hat ein 15-jähriger Schüler aus reichem Elternhaus eine viermal so große Chance, das Abitur zu machen, wie ein Gleichaltriger aus ärmeren Familien. Der Wissensvorsprung der 15-jährigen Schüler aus der reichen Oberschicht ist im Vergleich mit der ersten PISA-Studie aus dem Jahr 2000 deutlich gewachsen. Inzwischen haben sie auf ihre ärmeren Schulkameraden einen Lernvorsprung von mehr als zwei Schuljahren. Dabei zeigen regionale Untersuchungen, dass in einem Bundesland, nämlich Bayern, die Chancen sogar nur 1 zu 6,6 stehen, einen höheren Schulabschluss zu absolvieren.

Verblüffend ist auch die Feststellung, dass die relative Kinderarmut in den reicheren Ländern stetig zunimmt. Mit 2,7 Prozent ist der Anstieg der Kinderarmut in Deutschland seit 1990 dabei deutlich größer als in den meisten anderen OECD-Ländern. Dabei sind Kinder Alleinerziehender und Ausländerkinder übrigens viel häufiger von Armut betroffen. Gesundheitliche Probleme aufgrund mangelhafter

70

Ernährung, Sprachprobleme, beengte Wohnverhältnisse in oft erkennbar sozial heruntergestuften Quartieren brandmarken diese Kinder. Ausgrenzung, mangelnde Teilhabe am öffentlichen Leben und an Bildungsangeboten kommen hinzu. Als Folge brechen sie häufig die Schule ab. Anschließend bekommen sie keine Lehrstelle und beginnen ihre Karriere als Empfänger sozialer Leistungen.

Die skandinavischen Länder machen uns seit Jahren vor, wie man diese soziale Ungerechtigkeit auf ein Minimum reduzieren kann. Von der Kindertagesstätte bis zur Gemeinschaftsschule, in der die Schüler mit großem Erfolg länger gemeinsam unterrichtet werden und viel mehr voneinander lernen können als unsere Schüler, sind uns Schweden, Finnland und Dänemark um Längen voraus. Frauen und Familien wissen dort ihre Kinder wohlbehütet und versorgt. Dafür sind sie auch bereit, eine höhere Steuerlast zu zahlen. Beide – Männer und Frauen haben so eine Chance auf berufliche Entfaltung. Und ganz nebenbei ist dabei die Kinderarmut in Dänemark und Finnland mit unter drei Prozent die niedrigste der OECD-Staaten. Besonders hoch ist sie mit über 20 Prozent in den USA. Deutschland liegt im Mittelfeld auf Platz 12.

Arme Kinder fühlen sich häufig als Kinder zweiter Klasse. Vor allem in großen Ballungszentren, wie Hamburg, Berlin oder dem Ruhrgebiet schreitet eine Trennung in „Räume der Sieger" und der „Verlierer" immer weiter voran. Die betroffenen Kinder fühlen sich minderwertig. Niemand sagt ihnen, dass sie gebraucht werden und selbst sind sie kaum in der Lage, diese Situation zu ändern.

Kinderarmut lässt sich aber nicht allein am Einkommen festmachen. Die meisten Familien, die als relativ arm gelten, kümmern sich gut um ihre Kinder und versuchen ihnen einen guten Start ins Leben zu ermöglichen, auch wenn das Geld für Nachhilfe, den Sportverein oder die Klassenfahrt fehlt. Aber der Druck auf diese Familien ist enorm groß und manche Familien halten dem Druck einfach nicht mehr stand. Kindergärten in Problemvierteln berichten immer öfter über Vernachlässigungen der Kinder. Neben den materiellen Dingen, die fehlen und die durch die Gesellschaft kompensiert werden könnten, sind es vor allem Zuwendung, Erziehung und Bildung – auch Herzensbildung – an denen es immer mehr Kindern mangelt. Zahllose Schul- und Kindergartenkinder essen nicht einmal am Tag zusammen mit Familienmitgliedern eine warme Mahlzeit. Anregung, Zuwendung, Aufmerksamkeit? Fehlanzeige!

Eine Folge der Kinderarmut ist häufig auch eine mangelnde Ernährung der Kinder und somit eine dramatisch schlechter werdende Gesundheit. Vor wenigen Tagen erst hat das Robert-Koch-Institut eine neue Kinder- und Jugendgesundheitsstudie vorge- stellt. Demnach gilt in Deutschland jedes siebte Kind als übergewichtig. Besonders stark sind Kinder aus ärmeren Familien und Migrationsfamilien betroffen. Viele von ihnen haben psychische Störungen, leiden unter Zivilisationskrankheiten bis hin zu Diabetis,

Fettleibigkeit, Asthma und Allergien. Das Risiko für ärmere Kinder, daran zu erkranken, ist im Vergleich zu oberen Sozialschichten doppelt so hoch! Die Kinder treiben vielfach keinen Sport, spielen nicht mit Freunden in der freien Natur, sondern sitzen lieber alleingelassen vorm Fernseher oder der Spielekonsole. Wir brauchen uns doch nicht wundern, wenn immer mehr Kinder in unseren Schulen Verhaltensstörungen zeigen. Die überforderten Lehrer wissen sich oft nicht anders zu helfen, als diese Kinder zu einem Arzt oder Therapeuten zu schicken, der den Kindern Medikamente verschreibt, um sie ruhig zu stellen. Ich glaube, eine bessere Betreuung, bessere Ernährung und angemessene Freizeitgestaltung könnte vielen Kindern besser helfen.

Auch Drogen und Alkohol werden in erschreckendem Ausmaß inzwischen von Kindern konsumiert. Komasaufen und ähnliche „Späße" treiben vielen Eltern den Angstschweiß ins Gesicht. Zwei Prozent der Kinder konsumieren heute vor ihrem zehnten Geburtstag regelmäßig Alkohol. Im Alter von elf Jahren sind es 16 Prozent, ein Jahr später mit zwölf bereits 36 Prozent!

Was kann und muss in Deutschland getan werden, um Kindern wieder zu den Rechten zu verhelfen, auf die sie Anspruch haben? Neben der Bekämpfung der Langzeitarbeitslosigkeit wäre als erstes die Einsicht notwendig, dass Investitionen in Kinder zwar nicht billig sind, aber vor allem auch deswegen geschultert werden müssen, weil Kinder im wahrsten Sinne des Wortes unsere Zukunft sind. Diese Investitionen lohnen sich schon deshalb, weil sie eine Gesellschaft lebendig und neugierig erhalten. Und sollen diese Kinder noch dazu in Zukunft unser Altersschicksal mit Rentenfinanzierung und Gesundheits- bzw. Altersversorgung schultern, dann brauchen sie heute auch das Rüstzeug dazu. Wenn der Bildungsstand der Eltern über das geistige, seelische und soziale Einsortieren der Kinder entscheidet, dann ist eine Gesellschaft gut beraten, dies schnell und konsequent aufzubrechen. Wirkliche Bildungschancen helfen, dass Jugendliche später eine ihrer intellektuellen und persönlichen Leistungsfähigkeit angepasste Beschäftigung finden, die sie in die Lage versetzt, die finanziellen Lasten der Versorgung der Älteren zu tragen.

Die Bundesregierung muss konkrete Zielvorgaben zur Verringerung der Kinderarmut festlegen. Denn wirklich jedes Kind hat ein Recht auf Gesundheit, Bildung und Schutz auf Teilhabe. Hierfür zu sorgen ist nicht allein Aufgabe der Familien, sondern auch des Staates. UNICEF und andere Organisationen haben der Bundesregierung zahlreiche Vorschläge unterbreitet:
· gebührenfreie Kindergärten
· Ausbau von Ganztags- und Gemeinschaftsschulen
· einmalige Beihilfen für Hartz-4-Kinder wieder einführen
· rechtliche und personelle Rahmenbedingungen für Familienhilfe verbessern, um Kinder vor Verwahrlosung zu schützen.
„Der Mensch lebt nicht vom Brot allein", heißt es im Fünften Buch Mose. Deshalb müssen wir unseren Kindern mehr mitgeben als die Fähigkeit, Brot zu ver-

dienen. Fragen des Kinderschutzes drängen sich nach und nach in den Vordergrund, auch und nicht zuletzt wegen der traurig stimmenden Schicksale von Tim oder Jennifer. Immerhin hat das Unglück inzwischen einen Namen. Jedes Jahr werden in Deutschland schätzungsweise 150.000 Kinder unter 15 Jahren von ihren Eltern körperlich misshandelt – und viele Menschen, Freunde und Nachbarn schauen weg! Die Familie ist der gefährlichste Ort für Kinder. UNICEF geht davon aus, dass in Deutschland jede Woche zwei Kinder an den Folgen von Misshandlung oder Vernachlässigung sterben. Sie können sich vorstellen, dass diese Fälle nur die Spitze des Eisberges sind. Auf einen Extremfall kommen eine Vielzahl nicht-tödlicher Misshandlungsfälle. Diese Eltern hassen ihre Kinder nicht, sind aber mit ihrer Situation völlig überfordert und geraten völlig außer Kontrolle.

Auch der sexuelle Missbrauch von Kindern – lange Zeit ein Tabuthema unserer Gesellschaft – ist erschreckend. Jedes Jahr werden rund 20.000 Fälle von sexuellem Missbrauch angezeigt. Die Dunkelziffer liegt schätzungsweise viermal so hoch.

Was können wir in Deutschland also tun? Eine Forderung ist, dass Deutschland seine Sozialpolitik stärker nach den Bedürfnissen von Kindern ausrichtet und gezielte sozialpolitische Maßnahmen ergreift. Vielleicht sollten wir uns Schweden als Vorbild nehmen, das in ähnlicher Lage vor Jahren das Steuer umlegte und durch eine sehr gezielten Sozialpolitik die Kinderarmut auf 3,4 Prozent drücken konnte. Das ist ein Drittel der Rate in Deutschland!

Wir müssen Risikofamilien frühzeitig identifizieren und Hilfsangebote unterbreiten. Die Zusammenarbeit zwischen Kinderärzten, Kindergärten, Schulen und Jugendämtern muss verbessert werden. Wir müssen viel aufmerksamer sein und auf Verdachtsfälle reagieren – nicht um jemanden zu denunzieren, sondern um den Kindern zu helfen. Und wir müssen jede Form von Gewalt gegen Kinder ächten.

Von Hundert Kindern in Deutschland ...
· sind 30 Einzelkinder
· leben zehn von der Sozialhilfe
· besitzen aber 39 einen eigenen Fernseher
· sind rund 20 bereits im Grundschulalter übergewichtig
· und trinken 36 im Alter von zwölf Jahren regelmäßig Alkohol

Ich finde, eine erschreckende Auflistung!

Egal ob bei uns in Deutschland oder in den Entwicklungsländern: Kinder sind unsere Zukunft. Ich hoffe, dass ich verdeutlichen konnte, dass das Elend für Kinder und Familien dieser Welt nicht immer als Erdbeben wie in Pakistan, als Flutwelle wie in Südostasien oder als Wirbelsturm wie in den USA daherkommt. Es wird allzu leicht übersehen, dass Millionen von Kindern mit Eimern kilometerweit laufen, um Wasser zu holen, dass sie schlecht ernährt sind und nicht wissen, wie man sich vor AIDS schützen kann. Oder dass Millionen von Kindern sterben, weil sie keine ausreichende Nahrung oder sauberes Trinkwasser haben.

Und in Deutschland? Kinderarmut und daraus resultierende mangelnde Kindergesundheit sind bei uns gewaltig auf dem Vormarsch. Man kann die Situation sicher nicht mit Afrika oder Asien vergleichen, aber auch die Situation in Deutschland zeigt, dass längst nicht alles zufriedenstellend ist:

Nicht immer ist die Not so himmelschreiend wie in Krisengebieten oder in Entwicklungsländern. Aber einen Grund, sich deswegen bei uns zurückzulehnen – den gibt es wahrlich nicht!

LAUDATIO NECLA KELEK

Dr. Michael Haspel
Direktor Evangelische Akademie Thüringen

Am Anfang steht Ali, der tscherkessische Urgroß-vater. Er kam mit seinem Hengst und 200 Sklavinnen aus dem Kaukasus in die Türkei. Das muslimische Volk der Tscherkessen floh vor der russischen Ok-kupation in die Weiten Anatoliens. Die sprichwörtliche Schönheit der Tscherkessinnen bescherte Ali ein gutes Startkapital. Obwohl der Menschenhandel abgeschafft war, hatte der Harem des Sultans großes Interesse. Ein gutes Geschäft für Ali, eine sichere Versorgung für die jungen Frauen. Und für Necla Kelek das Urbild einer vormodernen Kultur, in der Frauen als Objekte von Männern und nicht als selbständige Subjekte ihres Lebens wahrgenommen werden. Urbild einer Kultur, die aller Modernisierung zum Trotz, als verbindliches System der Sittlichkeit unterhalb des Firnis' des liberalen Rechtsstaats weiter besteht: sei es in der kemalistischen Türkei, oder in der gegenwärtigen Bundes-republik.

Diese sittliche Gemeinschaft aller Muslime, oder in diesem Fall der türkischen Muslime ist die Umma. Die Umma tradiert die sittlichen Regeln, die Einzelnen wenig Spielräume lässt, ihnen indes feste Rollen zuweist, die sich an Alter, Geschlecht und sozialem Status orientieren. Die Umma als Traditionswahrerin ist gleichsam für Necla Kelek das Gegenkonzept zur Moderne, in der sie die Freiheit der einzelnen verwirk-licht sieht. Die Umma ist es auch, in Gestalt der jeweiligen Familien-Patriarchen und Matriarachen, welche

78

die Sitten bei der Partnerwahl und Hochzeit festlegt und überwacht. Dies erscheint in den Schilderungen Necla Keleks wenig romantisch: praktische Erwägungen, nicht zuletzt auch pekuniäre, treten bisweilen in den Vordergrund. Wem dies allzu fremd vorkommt, der oder die möge sich einmal auf unseren Dörfern kulturhistorischen Forschungen hingeben, die schnell zu Tage bringen werden, dass die Größe der Mitgift auch in unseren Breiten ein nicht unerheblicher Faktor in der Partnerwahl war, der erst vielleicht seit zwei Generationen in den Hintergrund getreten zu sein scheint.

Necla Kelek scheint von Geburt an prädestiniert zu sein für die sensible Wahrnehmung kultureller Differenzen und ihren spannungsreichen Manifestationen am Ort des Individuums. Mit tscherkessischen – davon hörten wir schon – und türkischen Wurzeln in der eigenen Familie wurde der Blick geschult für kulturelle Wirkmächte und gesellschaftliche Muster, die das Leben der einzelnen, insbesondere der Frauen, bestimmen – und allzu oft *fremd* bestimmen. Hinzu kam der Blick für die Unterscheidung des Eigenen und des Anderen im Zuge der Migration von der Türkei nach Deutschland. So ist vieles, von dem Necla Kelek schreibt, nicht aus zweiter oder dritter Hand, auch da wo sie die Lebensgeschichten anderer wiedergibt, ist dies gedeckt durch die Erfahrung in der eigenen Familie und am eigenen Leib.

Zu diesem Erfahrungszugang tritt der trainierte professionelle Blick. Mit der Akribie der technischen Zeichnerin – was sie einmal gelernt hat –, die Achtsamkeit für Details mit dem Sinn für den

Zusammenhang des Ganzen verbindet, und mit dem methodisch ausgebildeten Blick der Volkswirtin und Soziologin erschließt sie gleichsam im Individuellen das Exemplarische für die gesellschaftlichen Zusammenhänge. Das zentrale Thema ist dabei die Macht der Gemeinschaft über die Individuen, insbesondere die noch anzutreffende Praxis der arrangierten Ehe oder gar Zwangsheirat, die sie in ihren Schriften und öffentlichen Auftritten nicht müde wird anzuprangern. „Die fremden Bräute" und die „verlorenen Söhne", um nur zwei ihrer Publikationstitel zu nennen, die beide Bestseller sind, stellen dabei gleichsam die beiden Seiten einer Medaille dar. Beide stehen für das Syndrom, das entsteht, wenn traditionale ländliche Kulturmuster mit Lebensformen der Moderne konfrontiert werden. Sie prangert die Beschneidung der Freiheit für viele Frauen in der muslimisch-türkischen Gemeinschaft genauso an, wie ein männliches Rollenmodell, das auf die Autorität und die Privilegien der Tradition setzt, statt auf Beziehung und Kommunikation mit Frauen und Kindern. Für diese mutige Haltung und für ihr entsprechendes soziales Engagement ist Necla Kelek zu Recht mit dem Geschwister-Scholl-Preis der Stadt München ausgezeichnet worden. Mit diesem Anliegen ist sie in der medialen Öffentlichkeit präsent, berät Verwaltungen und die Politik und wurde vom Bundesinnenminister in die Islamkonferenz berufen.

Mit besonderem Interesse habe ich wahrgenommen, dass Sie, Frau Kelek, ihr wissenschaftliches Instrumentarium, früher hätte man vielleicht gewagt zu sagen, ihre Theorie, in der Auseinandersetzung mit Max

Webers Arbeit zur Bedeutung des Protestantismus bei der Genese des modernen Kapitalismus gewonnen haben. Und dies nicht nur, weil ich mit dem Lehrstuhl ihres Hamburger Lehrers Dirk Käsler in Marburg engen Arbeitskontakt gepflegt habe. Für Sie war die Entdeckung der gesellschaftlichen Bedeutung von Kultur und, so wird man ergänzen dürfen, Religion in Webers Zugang, eine notwendige und konstruktive Ergänzung des marxistisch orientierten Theorieangebots, das Sie im Zuge der gewerkschaftlichen Bildung kennen gelernt hatten. Die normative Bedeutung der Kultur für das Leben in modernen Gesellschaften könnte man als theoretischen Subtext Ihrer erzählenden und dichtbeschreibenden Prosa bezeichnen.

Dabei steht die von Ferdinand Tönnies grundlegend formulierte und von Max Weber aufgenommene und weitergeführte Dialektik von Gemeinschaft und Gesellschaft im Mittelpunkt von Necla Keleks Interesse. *Hier* die Gemeinschaft, die durch die Autorität von Tradition und Religion bestimmt und in erschreckendem Maße durch die konstitutive *Un*gleichheit der Geschlechter, der Alterskohorten, der sozialen Herkunftsgruppen gekennzeichnet ist. *Dort* die moderne Gesellschaft, deren Kern eine liberale Rechtsordnung ist, die auf der konstitutiven Gleichheit aller ihrer Glieder beruht, und die sich gerade nicht auf eine bestimmte Tradition stützt, sondern idealtypisch auf der rationalen und kommunikativen Verständigung der Rechtssubjekte beruht.

Vor dieser Folie des liberalen Rechtsstaats müssen alle traditionalen Gemeinschaften schlecht aussehen. Nun ist aber die Entwicklung von Gemeinschaftsformen im Zuge der gesellschaftlichen Modernisie-

81

rung ein vielfältiger Prozess, in dem die sprichwörtliche Gleichzeitigkeit des Ungleichzeitigen zum wesentlichen Kennzeichen wird. Diese vielfältigen Transformationsprozesse stehen vor besonderen Herausforderungen, wenn durch Migration etwa aus einem traditional-ländlich-agrarischen Kontext hinein in eine moderne urbane Kultur der Industrie- bzw. Dienstleistungsgesellschaft beide Kulturmuster unvermittelt nebeneinander fortbestehen. Man lebt im modernen Umfeld, während die traditionale Kultur in der Heimat und in allen sozialen Bezügen fortbesteht. Ein Phänomen, das wir auch aus den früheren Migrationserfahrungen innerhalb Deutschlands kennen. Hier kommt es zu den vielfältigsten Modernisierungspfaden und auch zu pathologischen Modernisierungsblockaden.

Wie sich letztere auswirken, wird von Necla Kelek in ihren Büchern eindrücklich geschildert. Da gibt es nichts zu beschönigen. Und was dagegen zu tun ist, haben Sie, Frau Kelek, auch eindeutig formuliert und werden uns davon heute sicher auch einen Eindruck vermitteln.

Freilich, so möchte ich uns Hörerinnen und Hörer ermahnen, sollte man Frau Kelek nicht aus den falschen Gründen Beifall zollen. Ihre berechtigte Kritik bestimmter Ausprägungen islamischer Kulturmuster sollte nicht als generelle Diskreditierung einer Lebensform gehört werden – und so ist sie sicher auch nicht gemeint. Im Osten Deutschlands, wo wir in erschreckendem Maße Ausländerfeindlichkeit ohne Ausländer und islamphobische Einstellungen ohne Muslime haben, werden wir besonders darauf zu achten haben, dass wir nicht einfach Vorurteile bestätigt finden, sondern die Herausforderungen durch Migration in einem liberalen Rechtsstaat differenziert wahrnehmen und bearbeiten.

Es ist klar und eindeutig, dass dort, wo gegen geltendes Recht in unserem Land verstoßen wird, dies ohne Rücksicht auf religiöse und kulturelle Traditionen auch geahndet wird. Wenn Frauen im Sinne des Gesetzes genötigt oder gar ihrer Freiheit beraubt werden, dann muss der Staat hart durchgreifen. Darüber hinaus muss die Gesellschaft Aufklärung über die Rechte der Einzelnen und Beratung im Konfliktfall anbieten.

Gleichwohl gehört zu den Grundsätzen des liberalen Rechtsstaates auch, dass er niemanden zwingt, nach einer bestimmten Façon glücklich oder unglücklich zu werden. Im Rahmen der Gesellschaft können Gemeinschaften ihre Tradition und Kultur pflegen und leben, so lange sie nicht durch ihre Taten gegen geltendes Recht verstoßen. D.h. wir werden auch Bräuche und Sitten zu respektieren haben, die wir persönlich nicht teilen, so lange die Gemeinschaftsglieder nicht rechtswidrig darauf verpflichtet und andere nicht in ihren Rechten beschnitten werden. Diese Grenze zwischen der Toleranz verschiedener Lebensformen und der konsequenten Durchsetzung geltenden Rechts sensibel und entschieden zugleich zu wahren und durchzusetzen, macht gerade den Wertekern der liberalen Demokratie aus. Sie, Frau Kelek, ermahnen uns zur Achtsamkeit an dieser Grenze mit Ihren erschreckenden und zugleich spannend geschriebenen Essays. Wir sind gespannt auf Ihre Weimarer Rede: Heirat ist keine Frage oder die Macht der Umma.

HEIRAT IST KEINE FRAGE ODER DIE MACHT DER UMMA

Necla Kelek

Im Park an der Ilm stehen zwei Stühle, die Goethes „West-östlichen Divan" und dem Dialog von Orient und Okzident gewidmet sind. Lassen Sie mich mit einem Zitat aus diesem Buch beginnen:

„Doch der Prophet, Verfasser jenes Buches,
weiß unsere Mängel droben auszuwittern,
und sieht, dass, trotz dem Donner seines Fluches,
Die Zweifel oft den Glauben uns verbittern."(s.110)

Während der Zweifel zur Triebfeder der Aufklärung und der Demokratie wurden, scheinen mir die Felsstühle Symbol für den Islam heute und Konfrontation mit dem Westen zu sein. Wer seine Position nicht verlässt, wer von diesem Stuhl nicht aufsteht, wird dem anderen nicht die Hand geben können.

Zwei unverrückbare Positionen in Stein gehauen – so ganz anders als Goethe es wohl empfunden hat. Aber es ist ein realistisches Denkmal.

Der Islam und der Westen stehen sich unverständiger gegenüber denn je.

Ein Dialog wie zwischen den Poeten erdacht, findet nicht wirklich statt. Denn dazu brauchte man eine gemeinsame Sprache und eine Verständigung über Begriffe – Freiheit, Vernunft, Ehre, Respekt – aber wir reden aneinander vorbei, wenn z.B. Muslime und Christen miteinander reden.

85

Wir müssen aber über diese Kulturdifferenz sprechen, denn für einen wirklichen Dialog sind Kenntnisse des anderen nötig. Bevor man eine Kultur oder Religion akzeptieren kann, sollte man wissen, wie diese Kultur mit seinen Menschen umgeht, welche Werte sie prägt usw.

Ich möchte heute über den Islam sprechen und warum die Institution Heirat konstitutionell für sein Weltbild ist – so konstitutionell wie z.b. die kommunistische Partei für den Sozialismus war.

Die Neigung, gesellschaftliches Leben über Normen oder Zwang zu regeln, die Verpflichtung auf ein „höheres Ziel" ist nicht nur Parteien, sondern auch Religionen innewohnend.

Ich möchte Ihnen dieses Spannungsverhältnis anhand von praktischen Beispielen und theoretischen Erörterungen nahe bringen.

Vorbemerkung

– In Limburg an der Lahn wird seit Januar 2007 vor dem dortigen Landgericht eine Anklage gegen einen 46-jährigen kurdischen Türken verhandelt, der seinen 16-jährigen Sohn zwingen wollte, seine Tochter umzubringen, weil die sich weigerte, in der Türkei einen von ihm bestimmten Cousin zu heiraten. Der Prozess gestaltet sich schwierig, weil die Tochter sich inzwischen weigert, etwas Belastendes gegen ihren Vater auszusagen. (Landgericht Limburg Az JS14048/06)

– Vor einigen Monaten an der Eberhard-Klein-Hauptschule in Berlin Kreuzberg. Weinend vertraut ein 17-jähriges Mädchen türkischer Herkunft den Lehrern ihrer Schule an: Meine Eltern wollen mich zwangsverheiraten. Die Pädagogen sprechen mit den Eltern, auch das Jugendamt und die Polizei werden hinzugezogen. Trotzdem kann dem Mädchen nicht geholfen werden – es schweigt bei allen weiteren Befragungen. (Die Tageszeitung vom 7.2.07)

– Mich erreichte vor einiger Zeit ein Hilferuf einer Sozialarbeiterin aus der Nähe von Hamburg. Eine 19-jährige kurdische Frau wird im Haus ihrer Familie festgehalten, weil sie sich ohne Wissen des Vaters für eine Ausbildung zur Frisörin beworben hat. Der Vater verlangt von ihr, einen Cousin aus der Türkei zu heiraten, damit der nach Deutschland kann. Als ich ihr in einem heimlich organisierten Gespräch anbiete, ihr einen Platz in einem Frauenhaus und Polizeischutz zu besorgen, wehrt sie ab: „Diese Leute werden mich finden und mich umbringen. Lassen Sie es.“

Im Gegensatz zur Praxis vor wenigen Jahren steht inzwischen das Thema Zwangsheirat und arrangierte Ehen, die Integration der muslimischen Migranten und die Rolle ihrer Diskussion im Focus des öffentlichen Interesses. Frauen trauen sich an die Öffentlichkeit und Berichte und Untersuchungen informieren über Heiratsmigration und die Lage der Frauen und fordert die Politik und Wissenschaft heraus. Mein Buch „Die fremde Braut“, erschienen im Januar 2005, beflügelte die Diskussion, brachte aber wie auch viele andere Initiativen noch keine tatsächliche Änderung der Lage für die Frauen.

Eine wichtige Diskussion und Frage, die immer wieder in diesem Zusammenhang gestellt wird, ist, ob die Heiratspraxis der Muslime im Islam seine Wurzeln hat. Es scheint daher nötig darzustellen, was Religion überhaupt ist.

Was ist Religion?

Hinter der scheinbar einfachen und unkomplizierten Frage nach der Bedeutung des religiösen Glaubens für die Ausrichtung menschlichen Verhaltens steht eine komplexe Problematik. Der Grund, warum Menschen für religiöse Symbole empfänglich sind, hat psychologische, kulturelle und soziale Ursachen. Sowohl gesellschaftlich wie individuell dient Religion dem menschlichen Bedürfnis, umfassende und befriedigende Antworten auf die Frage nach dem Sinn des Daseins zu erhalten, die Welt, die Menschen und den Kosmos in ein kohärentes Bild zu fassen. Ich möchte hier nicht die lange Debatte über den Religionsbegriff fortsetzen, sondern Ihnen meinen theoretischen Ansatz als Soziologin darlegen, die Religion vor dem Hintergrund der sozialen Realität betrachtet.

Der Aspekt, wie Religion soziales Verhalten beeinflusst, rückt die soziale Funktion von Religion in den Vordergrund. Die gesellschaftliche Funktion von Religion steht im Mittelpunkt der Untersuchungen des Soziologen Max Weber über die „protestantische Ethik" und des Anthropologen Clifford Geertz, dessen Theorieansatz von wesentlicher Bedeutung ist für den Versuch, auch die kulturelle Dimension des Islams zu erfassen.

Es wird ja immer wieder mit dem Argument, bestimmtes Verhalten wie die Bedeutung von Ehre und Schande, der Jungfräulichkeit oder dem Verheiratet werden, die Ungleichbehandlung von Mann und Frau seien keine Probleme, die mit Religion zu tun hätten, sondern Ergebnis von Tradition und Sitte ethnischer Gruppen. Man trennt den Glauben von der gelebten Kultur, erklärt den Glauben für heilig und den Alltag für fehlerhaft. Dies ist – und dafür möchte ich mit Geertz den Beleg vorlegen – ein Trugschluss. Religion und Kultur sind – vor allem im Islam, der die Untrennbarkeit von Glauben und Leben zu einem Wesensmerkmal gemacht hat – eins, auch wenn er von Einzelnen unterschiedlich gelebt wird.

Für Geertz ist Religion eine soziale Institution, Gottesverehrung eine soziale Tätigkeit und Glaube eine soziale Kraft (Geertz 1991, S.38). Er begreift Religion als Teil der Gesellschaft, die, nicht zuletzt durch ständigen sozialen Wandel, in einer Wechselbeziehung zur Religion steht (Geertz 1991, S.188).

Von Gott gegeben oder als Offenbarung vom Himmel gekommen, so schafft die Religiosität einen Lebensstil und eine Metaphysik, die mit überzeugender Autorität ausgestattet sind. Im religiösen Ritual bildet sich die Überzeugung, dass die Glaubensvorstellungen mit der Wirklichkeit übereinstimmen und die Glaubensregeln begründet sind. Die religiöse

Perspektive strebt über die Realitäten des Alltags-
lebens hinaus zu umfassenderen Realitäten, die jene
metaphysisch-sinngebend korrigieren und ergänzen.
Es entsteht ein religiös in sich geschlossenes
Weltbild, nach dessen Maßgaben die gläubigen
Individuen denken, fühlen und handeln.
Das religiöse Weltbild hilft dem Individuum nicht
nur, sich einer absurden Welt, in der Krankheit, Tod
und Ungerechtigkeit erfahren wird, nicht ausgeliefert
zu fühlen. Vielmehr stellt es eine verbindliche
Auffassung von Weltsicht zur Verfügung, in der die
Wirklichkeit verankert ist. „Wer sich die religiösen
Systeme zu eigen machen kann, hat – solange er es
kann – eine kosmische Garantie dafür, nicht nur die
Welt zu verstehen, sondern auch seine Empfindun-
gen und Gefühle präzise definieren zu können,
wodurch es ihm möglich ist, diese Welt verdrießlich
oder freudig, verbissen oder gelassen zu ertragen."
(S.67).

Was ist Islam?

Von der Religionswissenschaft allgemein anerkannt
und unstrittig ist, dass der Islam Hingabe an Gott,
Unterwerfung unter seinen Willen verlangt (Islam-
Lexikon von Khoury/Hagemann/Heine), nicht nur als
spiritueller Glaube und Heilsversprechen angesehen
werden kann, sondern den Gläubigen durch den
Koran und durch die in der Geschichte entstandene
Sunna, das gottgefällige Leben im Sinne des
Propheten, vorgegeben ist. Der Islam ist kulturell prä-
gend, er ist eine Lebenseinstellung und hat durch
die von ihm proklamierte Einheit von Glauben und

Politik den Charakter, nicht nur eine durch Unterwerfung auf Heilserwartung ausgerichtete Offenbarungsreligion, sondern einer der Welt zugewandten Ideologie.

Der Islam geht – in seinen von ihm als heilig verehrten Schriften – von einem Menschenbild aus, das den Menschen, so in vielen Versen des Korans als schwach (Koran Sure 4, 28), unbeständig (30, 36), unzuverlässig (16, 53-54; 29, 65; 39, 8 usw.), ungeduldig (17,11), ungerecht (33,72) beschreibt. Am klarsten wird dieses Menschenbild im 53. Vers der Sure 12, „Die (menschliche) Seele verlangt gebieterisch nach dem Bösen."

Gott oder durch ihn Mohammed hat, so lassen es die überlieferten Offenbarungen vermuten, dafür sorgen wollen, dass die Triebe des Menschen beherrscht oder wenigstens domestiziert werden. So ist zu verstehen, dass der Koran den Gläubigen für alle Lebenssituationen Vorschriften macht, vom Umstand sich zu waschen bis hin zu gesellschaftlichem Verhalten, von den „fünf Säulen" bis zur Scharia, der islamischen Rechtleitung. Ganz besonders versucht die muslimische Tradition das Verhältnis zwischen Mann und Frau zu regeln. Nachzuweisen gilt, wie eng das traditionelle Leben der Muslime mit dem Koran und der Sunna geknüpft ist, zur Kultur der islamischen Communities wurde. Und wie nach Jahrhunderten Überlieferung der Suren und die Hadithe, längst, bewusst oder unbewusst, Sitte, Brauch oder als Tradition im Alltag der Muslime gelebt werden.

Der Islam selbst hat in den 1400 Jahren seiner Geschichte in Europa – außer in einigen von den Osmanen beherrschten Gebieten auf dem Balkan und bei Migranten – keine Wurzeln schlagen können. Seine Lehre hat die Menschen Europas weder emotional noch intellektuell faszinieren oder trösten können, sie ist ihnen auch heute noch fremd.

Folgende Gründe stehen dafür für mich an erster Stelle:

1. Der Islam ist eine arabische Religion, obwohl sie sich universalistisch gibt.

2. Der Islam kennt keine Individualität, sein Menschenbild ist damit nicht gerüstet für die Moderne, das der selbstverantwortliche Einzelne braucht.

3. Der Islam verfolgt ein anderes, ein kollektives Gesellschaftsmodell als das der offenen demokratischen Zivilgesellschaft Europas. Er entspricht nicht den Erfahrungen und Werten der Europäer, die mit kollektivistischen Modellen wie dem Kommunismus und dem Faschismus leidvolle Erfahrungen gemacht haben.

4. Der Islam hat nicht nur den Anspruch ein Glaube zu sein, sondern er steht als Religion für die Einheit von Leben, Glauben, Gesetzen und Politik. Dies widerspricht der Geschichts- und Lebenserfahrung der Europäer.

5. Der Islam hat keine Erfahrung und keine Ambitionen, die Regeln und die Werte der Demokratie, der Grundrechte und in der Gleichberechtigung zu leben.

Der Islam versucht seine Rechte als Gruppe einzufordern, wobei die aufgeklärte Gesellschaft zuallererst das Recht des Einzelnen schützt.

Der Islam ist eine arabische Religion

„Im Ursprung ist der Islam eine arabische Religion", sagt Literaturnobelpreisträger V.S. Naipaul. „Jeder Nichtaraber, der sich als Muslim fühlt, ist folglich ein Bekehrter. Der Islam ist nicht einfach eine Gewissensfrage oder eine Angelegenheit des persönlichen Glaubens, vielmehr stellt er gebieterische Forderungen. Die Weltsicht des Bekehrten erfährt eine tiefgreifende Veränderung. Seine heiligen Stätten befinden sich auf arabischem Boden, die gottgefällige Sprache ist für ihn das Arabische. Auch sein Geschichtsbild verändert sich. Von der eigenen Geschichte kehrt er sich ab; er wird, ob er will oder nicht, Teil der arabischen Geschichte. Der Bekehrte hat allem zu entsagen, was zu ihm gehört." (Jenseits des Glaubens, Berlin, 2004, S.9). Deutlichster Hinweis auf diese Bestimmung als arabische Religion ist eine der fünf „Säulen des Islam" – eine Pflicht, die jeder Gläubige einmal im Leben erfüllen soll: die Hadsch, die Pilgerreise nach Mekka im heutigen Saudi-Arabien, wo die Scharia, das islamische Vergeltungsrecht für Recht und Ordnung sorgt. Kein Muslim stellt diese Orientierung auf Arabien in Frage.

Dem Islam ist es wohl auch deshalb nicht gelungen, eine europäische Identität zu bilden, weil er sich von seinen ethnischen Ursprüngen nicht lösen konnte. Und vielleicht rühren die Schwierigkeiten, die der Islam in Europa mit der Integration hat, die wir mit den fundamentalistischen Auffassungen der „home-grown-terrorists" haben auch daher, dass den jungen Menschen, die in Europa geboren wurden, durch diese Religion eine eigene, eine europäische Identität verweigert wird, dass sie sich durch ihre Religion in ihrer neuen Heimat Europa in der Fremde fühlen.

Die Glaubenspartei

Der Diskussion um den Islam fehlt die Aufklärung und Säkularisation wie dieser Religion selbst, an ihr sind die wissenschaftlichen Diskussion zur Religionskritik von Kant, Marx, Feuerbach, Freuda von Schleiermacher, Weber und Geertz, Gadamer u.v.a. offenbar spurlos vorübergegangen. Da ist einiges erdacht worden, was dem Islam auf dem Weg in die Moderne helfen könnte, die Islamwissenschaft allerdings stellt sich taub.

In der Diskussion zum Beispiel um die Haltung der katholischen Kirche zur Verhütung oder Homosexualität würde bei uns niemand auf die Idee kommen, dass mit der Kritik an dieser Haltung, der Glaube an sich oder die Religiosität Einzelner in Frage gestellt wird. Kritisiert man zum Beispiel die Haltung der Muslime zu Frauen und nennt man dies unmenschlich, kommt der Einwand, man könne doch den Glauben nicht in Frage stellen. Das ist das Dilemma des Islams, dass er im Persönlichen ein Weg zur Spiritualität sein kann, dass niemand das Erleben des Einzelnen in Frage stellen will.

Der Islam als Religion stellt aber eine „Glaubenspartei" dar, für die Glaube und Tat eins ist, und die das Weltliche nicht vom Geistlichen trennt.

Wir müssen hier über die Politik dieser „Glaubenspartei" sprechen, so wie wir über die politischen Ansprüche jeder anderen politischen Partei sprechen

müssen, nur dass die Parteigänger des Islams, ihren
Glauben für wahr halten und für sich den Vorbehalt
der Offenbarung in Anspruch nehmen und sich damit
der Diskussion entziehen wollen.

Wir müssen über die Politik der „Glaubenspartei"
Islam sprechen, erst dann können wir uns auch kri-
tisch damit auseinandersetzen, was in dieser Politik
Mittel, was Zweck und was Begründung ist.

Eine wesentliche Veränderung, die die Religion in
der Moderne überall in der Welt durchmacht, liegt in
dem zunehmenden Verlust selbstverständlicher
Religiosität. Es verändert sich die Fragestellung von
„Was soll ich glauben" zu „Wie soll ich glauben".
Weil der Glaube immer weniger mit der erfahrenen
Realität, mit dem eigenen Leben übereinstimmt, werden rituelle Handlungen und Äußerlichkeiten der
Abgrenzung und Identifikation umso wichtiger. Religiosität im Sinne eines Getragen-Seins von religiösen
Überzeugungen weicht einer Zur-Schau-Stellung
religiöser Überzeugungen. Das Kopftuch versteckt
nicht nur die Frauen, es gibt ihnen auch eine islamische Identität. Religion wird zur Modeerscheinung.
Und bei Muslimen in mehrfacher Hinsicht: als strikte
Abgrenzung zur westlichen Welt und als Legitimation
des Rückzugs in die Gegengesellschaft einerseits,
andererseits als Offensive, die vor allem bei jungen
Muslimen das Anderssein, die eigene Identität stärken soll. Beiden Elementen dieser Islam-Mode ist
aber gleichzeitig eine ahistorische Auffassung vom
ewigen und unveränderlichen Koran zu eigen. Es ist
kein lebendiges Ringen um den Glauben. Eine theologische Auseinandersetzung über Inhalte findet

nicht statt. Es reicht, so scheint es, den Islam zu verteidigen.

Kein Zweifel?

Die ersten beiden großen Versuche des Islams in Europa Fuß zu fassen, waren als Eroberungen mit Waffengewalt angelegt und scheiterten militärisch, im 7. Jahrhundert in den Schlachten von Tours und Poitiers und beim zweiten Mal 1683 vor Wien. Nach seiner intellektuellen Blütezeit im 9. Jahrhundert, als sich die Einfachheit von Mohammeds Lehre mit der Ratio Aristoteles zu vereinen schien und die Neugier die Wissenschaften entfachte, gewann der Islam u.a. durch den islamischen Gelehrten Ibn Rushd, genannt Averroes (1126 -1198) Einfluss auf das christlich-europäische Denken, z.b. von Thomas von Aquin und gab Europa das Erbe der griechischen Philosophie zurück. Aber spätestens mit der Averroes-Niederlage verschwand der Zweifel und damit die Innovation aus dem islamischen Denken und führte u.a. zu dem beklagenswerten Zustand, in dem sich die islamische Theologie und die gesamten Wissenschaften der muslimischen Welt nach Untersuchungen des Arab-Human-Developement-Report (New York, 2004) der UN auch heute noch befindet.

Goethes Anregung, den Zweifel zu nutzen, fiel auf keinen fruchtbaren Boden.

Weder von den militärischen, noch von der selbstverschuldeten intellektuellen Niederlagen hat sich der Islam seither erholt. Sie hat vielmehr ein nachhaltiges Minderwertigkeitsgefühl hervorgebracht, ein

Ausdruck davon ist der Fundamentalismus, der in einigen Ländern wie dem Iran Staatsdoktrin wurde.

Die Aufgabe der Philosophie und die gut achthundert Jahre im Islam den Geist der Religion besimmender Vorbeter machten den Islam zu einer Religion der Nachahmung. Alles ist geregelt. Und vor allem das Verhältnis zu den Frauen prägt diese Gesellschaften nachhaltig negativ. Und das stärkste Mittel zur Aufrechterhaltung des Status quo ist der „Zwang zur Ehe".

Heirat – ja oder nein, diese Frage stellt sich in der muslimischen Gesellschaft überhaupt nicht. Die Ehe gilt als die einzig angemessene Lebensform für Mann und Frau. Sie ist die natürliche Bestimmung eines Gott wohlgefälligen Lebens.

Der Koran sagt: Sure 24, Vers 32: „Und verheiratet die Ledigen unter euch und die Rechtschaffenen von euren Sklaven und Sklavinnen."

Er sagt nicht: „Heiratet, ihr Ledigen", und fordert damit den Einzelnen heraus, er beschwört ausdrücklich nicht individuelle Verantwortung, sondern eindeutig die Gemeinschaft mit der Aufforderung „Verheiratet die Ledigen". Das bedeutet in der Tradition des islamischen Lebens, dass die Familie oder ein Vormund (ein männlicher Verwandter) „Vali" für die Heirat der Kinder verantwortlich ist. Praktisch bedeutet das noch heute, dass in fast 52 Ländern, in denen das muslimische Ehestandsrecht gilt, eine Frau, ganz gleich welchen Alters, ohne Zustimmung ihres Valis nicht heiraten kann.

Die Hochzeit ist im gesellschaftlichen Commomsense, der gelebten Kultur, der Höhepunkt im Leben einer türkisch-muslimischen Familie. Den Sohn oder die Tochter ehrenvoll zu verheiraten und eine große Feier auszurichten ist die wichtigste Aufgabe der Eltern. Dieser Aufgabe wird der Lebensplan untergeordnet, dafür wird gespart, auch auf Kosten anderer Ziele wie eine ordentliche Berufsausbildung. Hochzeiten werden monatelang vorbereitet und mit einem ungeheuren Aufwand gefeiert.

„Die Ehe ist im Islam kein Sakrament", schreibt die Islamwissenschaftlerin Ursula Spuler-Stegemann in „Muslime in Deutschland", „sondern ein zivilrechtlicher Vertrag zwischen zwei Familien. Er wird durch die Unterschriften beider Seiten besiegelt, wobei die Frau noch nicht einmal persönlich zugegen sein muss, sondern, ein Vormund Vali. Das kann der Vater, der älteste Bruder oder ein anderer männlicher Befugter sein. Allerdings soll die Braut ihre Zustimmung zu der Eheschließung geben. Ein kurzes Zeremoniell, bei dem ein Imam die Fatiha, die erste Sure des Korans rezitiert, ist bei einer Hochzeit zwar die Regel; das konstitutive Element für das Zustandekommen einer Ehe ist allein aber der Vertrag."

Die Tradition des Misstrauens

Warum setzen vor allem traditionell orientierte muslimische Eltern alles daran, ihre Kinder, aber ganz besonders alles daran, ihre Töchter möglichst früh zu verheiraten? Dies hat ebenfalls seine Wurzeln in der Tradition, im Menschenbild des Islam. Vor allem die Sunna und die Scharia, die aus Koran und

Sunna abgeleiteten Gesetze, reduzieren die Frau auf die Aurah, ihre Sexualität. Die Frau ist verführerisch und teuflisch. Sie stellt eine Gefährdung, eine Versuchung für die Männer dar. Der Mann ist ein triebhaftes Wesen, das angesichts der Frau nicht zu kontrollieren ist. Und die Ehe ist nach muslimischer Auffassung der einzige Ort, an der Sexualität rechtmäßig gelebt und kontrolliert werden kann. Die Ehe ist die einzige Begründung eines legitimen sexuellen Verhältnisses. Und die Frau darf sich dem Mann nicht verweigern. Koran 2:223, sagt: „Die Weiber sind euer Saatfeld, geht auf euer Saatfeld, wie und wann ihr wollt, weiht aber Allah zuvor eure Seele (durch Gebet, Almosen und gutes Werk ...“ Und auch die Verhältnisse zwischen Mann und Frau sind klar geregelt, Koran 4:34: „Die Männer sind den Weibern überlegen wegen dessen, was Allah dem einen vor dem anderen gegeben hat ... die rechtschaffenen Frauen sind gehorsam und sorgsam in der Abwesenheit (ihrer Gatten), wie Allah für sie sorgte. Diejenigen aber, für deren Widerspenstigkeit ihr fürchtet – warnet sie, verbannt sie in die Schlafzimmer und schlaget sie. Und so sie euch gehorchen, so suchet keine Wege wider sie, siehe, Allah ist hoch und groß.“ Soweit der Koran.

„Freundschaft aber zwischen Mann und Frau ist im Islam verboten", schreibt der muslimische Missionar Mohammed Rassoul in seinen Anweisungen für Muslime in Deutschland, „Der deutsche Mufti", „denn die einzige Bindung zwischen ihnen darf nur durch die Ehe hergestellt werden. ... es ist eine Allah missfällige Handlung, die Unzucht gleichkommt."

Voreheliche Kontakte, gar vorehelicher Geschlechtsverkehr, wären für eine muslimische Familie der GAU, der größte anzunehmende Unfall in der Familiengeschichte. Da jungen Mädchen aufgrund der islamischen Auffassung als sündigen Wesen grundsätzlich misstraut wird, schränken die Eltern die vorehelichen Kontakte der jungen Mädchen massiv ein. Schon der Flirt in der Schule, das Treffen an der Straßenecke gilt als anstößig und unerwünscht. Die einfachste Lösung, um den Sexualtrieb der Töchter in kontrollierte Bahnen zu lenken, scheint die frühe Heirat zu sein. Denn nun wird der Ehemann für die Tochter zuständig, das entlastet die Familie, denn die Ehre der Familie ist an die Tugendhaftigkeit der Tochter geknüpft, und über deren Lebenswandel wachen der Vater, die Brüder oder der Onkel. Es ist eine Tradition des Misstrauens. Den Mädchen wird sexuelles Interesse unterstellt, auch wenn sie selbst weit davon entfernt sind. Der Konflikt ist programmiert. Mitten im natürlichen Ablösungsprozess von den Eltern erleben die Mädchen, dass ihnen nicht geglaubt wird und dass sie ein Recht auf ein selbstbestimmtes Leben nicht haben.

Manchmal allerdings soll mit der Ehe auch ein ganz anderes Problem gelöst werden. Dies betrifft viele muslimische Familien in Deutschland. Die Kinder sollen „von der Straße" geholt werden. Junge Männer, die nach Meinung ihrer Eltern unter schlechten Einfluss geraten sind, die Kontakt zu Drogen haben oder ihre Aggressivität nicht bändigen können, werden meist mit einem Mädchen z. B. aus der Türkei verheiratet. Dies sichert den Eltern auch, dass sich ihre Kinder nicht von ihnen und dem türkisch-muslimischen Kulturkreis entfremden. Und die beste Gewähr dafür ist in ihren Augen, dass man eine unverdorbene junge Frau aus der Türkei holt, die den Jungen ruhiger und vernünftig macht und ihm die Flausen austreibt und die fraglos alles macht, was die Schwiegermutter sagt.

Zwangsheirat und arrangierte Ehen

Über die Zahl der Zwangsehen in Deutschland gibt es keine verlässlichen Erhebungen. Dabei ist das Problem in seiner ganzen Dramatik seit Jahren bekannt.

Im Jahr 2001 gab es laut der vom Auswärtigen Amt geführten Statistik einen Zuzug von 21.447 Personen aus der Türkei aufgrund von Familienzusammenführungen. Aufenthaltsgenehmigungen, die erteilt wurden, weil eine Person bei einem Inlandsaufenthalt eine in Deutschland lebende Person geheiratet hat, sind dabei nicht erfasst. Auch nicht erfasst wurden die Fälle, in denen junge Frauen oder Männer in den Ferien in die Türkei gebracht und dort verheiratet wurden, um sie dann in der Türkei zu lassen, wie ich es bei vielen meiner türkischen Freundinnen erlebt habe. Für 2002 und folgende Jahre wurden die Zahlen für türkische Migranten nicht besonders ausgewiesen.

Es geht in jedem Jahr nicht um Hunderte, sondern um Tausende junger Menschen. Ich gehe davon aus – alle Recherchen sprechen dafür –, dass mindestens die Hälfte dieser Ehen arrangiert oder erzwungen wurden. Von 1974 bis heute wuchs die türkischstämmige Bevölkerung in Deutschland von knapp einer Million auf über 2,6 Millionen Bürger. Dieses Bevölkerungswachstum ist neben dem Geburtenüberschuss überwiegend auf Familienzusammenführung und organisierte Heiratsmigration zurückzuführen.

Warum sollte ein junger Mann aus Berlin, Hamburg oder Köln ausgerechnet ein Mädchen aus Anatolien heiraten, das er meist höchstens einmal vor der Eheschließung gesehen hat? Bestimmt nicht aus Liebe, sondern weil die Eltern, die Familie, die Tradition und die Religion ihm nicht gestatten, selbst eine Partnerin zu wählen. So werden in jedem Jahr Tausende von jungen Menschen zwischen fünfzehn und fünfundzwanzig Jahren verheiratet, ohne dabei die freie Entscheidung zu haben – ein klarer Verstoß gegen Artikel 2 des Grundgesetzes und, wie die UNO im Jahr 2001 feststellte, eine „moderne Form der Sklaverei".

Der „Zwang zur Ehe"

Zwischen einer arrangierten Ehe und einer Zwangsehe gibt es für mich keinen wesentlichen Unterschied, das Ergebnis ist dasselbe, weil sie auf dem „Zwang zur Ehe" in der muslimisch geprägten Gesellschaft beruht. Wenn das Mädchen oder der Junge die Möglichkeit haben, den von den Eltern ausgesuchten Partner abzulehnen, spricht man von einer arrangierten Ehe, wenn die Partner ungefragt oder gegen ihren Willen verheiratet werden, ist es eine Zwangsehe. Betretenes Schweigen oder leises Weinen des Mädchens wird als Zustimmung gewertet. Mädchen sind nun einmal schüchtern, sagen die Männer. Von einer freien Willensentscheidung ist dieses Verfahren sicherlich weit entfernt. Denn wer beim ersten Bewerber nein sagt und dies auch bei den folgenden wiederholt, muss mit Pressionen rechnen oder die Flucht antreten. Wer weiß, wie stark der Druck der Familie auf die einzelnen Mitglieder ist, wird auch bei arrangierten Ehen nicht von einer freien Entscheidung sprechen können. Die Situation ist für die jungen Menschen, die in diesen beschriebenen Verhältnissen Leben, meist ausweglos. Sie befinden sich bildlich gesprochen in einem geschlossenen Raum, dem Elternhaus. Darin gibt es zwar viele Türen, von denen aber nur eine geöffnet ist. Sie werden gedrängt, das Haus zu verlassen, und die Tür, durch die sie gehen müssen, ist die Ehe mit dem von den Eltern ausgesuchten Partner. Alle anderen Möglichkeiten sind versperrt.

Wenn die jungen Menschen von ihren Eltern mit der Tatsache konfrontiert werden, dass es Zeit ist zu heiraten, fügen sie sich in der Regel, denn so haben sie es gelernt. Ob sie nach Deutschland oder in eine Stadt in der Türkei verheiratet werden, macht für sie keinen allzu großen Unterschied. Deutschland gilt als attraktiver, weil es hier einen Sozialstaat gibt, der zur Not die ganze Familie ernährt und kleidet.

Die Folgen dieses Festhaltens an den durch die Religion und Tradition begründeten Verhalten sind für die türkisch-muslimische Community in Deutschland dramatisch.

Wenn Eltern davon ausgehen, dass sie ihre Tochter mit 16 Jahren verheiraten, warum sollten sie dann in die Bildung dieses Kindes investieren, es Abitur machen oder studieren lassen? Mangelnde Verantwortung für die Zukunft, mangelnde Investition in die Bildung ihrer Kinder reproduzieren immer wieder den eigenen sozialen Status. Und so relativiert sich auch die Mär von der türkischen Familie, in der alle so gut aufgehoben sind.

Es ist in vielen Fällen ein Kontrollsystem, in dem die älteren Männer bestimmen und kontrollieren, was die Familienmitglieder zu tun und zu lassen haben. Dort herrscht das Prinzip des Respekts und der Ehre, ein Jüngerer hat dem Älteren nicht zu widersprechen, und die Frauen sind die „Ehre", sprich Besitz der Männer und haben in der Öffentlichkeit nichts zu suchen. Es ist kein System der Fürsorge, sondern eine Besitzanzeige. Im Zweifelsfall entscheidet wie im Dorf die Großmutter, ob es angemessen ist, dass die Enkelin zur Schule geht. Keine guten Voraussetzungen für eine Demokratie, denn die braucht mündige Bürger. Und so ist letztlich an der Frage der Gleichberechtigung der Frau die Integration einer großen Zahl von Türken in Deutschland gescheitert. Und diese Erkenntnis ist um so bitterer, weil in Deutschland in den letzten Jahrzehnten vielfältige Initiativen staatlicher, politischer und sozialer Politik darauf gerichtet waren, die Stellung der Frau zu verbessern. Diese Chance wird immer noch von zu wenigen genutzt. Die Männer befürchten, dass ihnen die Macht über die Frauen verloren geht.

In den modernen Gesellschaften trägt aber jeder eine Verantwortung für sich. Dem Individuum wird zugestanden und von ihm wird verlangt, sich zu kontrollieren und für sein Handeln verantwortlich zu sein. Auch für die Ehe, die er eingeht, trägt jeder selbst die Verantwortung. Es ist eine horizontale Trennung von Einzelnem und der Gesellschaft. In der türkisch-islamischen Welt dagegen ist der Mensch ein Sozialwesen, der sich nicht selbst, sondern der Gemeinschaft gehört. Er trägt Verantwortung für die Anderen – der Ältere für den Jüngeren, die Männer für die Frauen, das Familienoberhaupt für die ganze Familie. So lernen Kinder sehr früh, dass nicht sie selbst Entscheidungen über ihr eigenes Leben treffen können, sondern sich den Entscheidungen der Familie anpassen müssen.

Wenn ich von „dem" Islam spreche, begegne ich natürlich sofort einer Reihe von Einwendungen. Es gebe nicht „den" Islam, sagt man. Es gibt Schiiten, Sunniten, Aleviten, Wahabiten, unterschiedliche Rechtsschulen etc., es gibt den „Euro-Islam" wie den in Indonesien. Der Islam ist von seiner Anlage her keine Kirche, und es gibt die Herrschaft der islamistischen Fundamentalisten ebenso wie die Auffassungen der Modernisierer, wie beispielsweise Fatima Mernissi oder Youssef Seddik, der den Koran als zutiefst individualistische Metapher deutet. Ich bin Soziologin und mir geht es nicht um eine theologische Diskussion. Halten wir uns deshalb an das, was im Namen des Islam gelebt wird. Ich deute Religion als eine kulturelle Dimension. Wie es eine christliche Lebenseinstellung, ein Grundverständnis von Ethik, einen Wertekanon im Christentum gibt, gibt es auch diese kulturelle Dimension im Islam. Religion ist ein kulturelles System, das unserem

Leben die Dimension des Transzendenten gibt. Religion vermittelt eine allgemeine Seinsordnung über die soziale Wirklichkeit hinaus.

In der türkisch-islamischen Gesellschaft gibt es spezifische Menschen- und Weltbilder, die eng mit der Religion verbunden sind und von ihr legitimiert werden: Aus der Vorstelllung der Umma, der Glaubensgemeinschaft, leitet sich z. B. ein soziales Leitkonzept von Gemeinschaftlichkeit ab, das der Gemeinschaft den Vorrang vor dem Individuum gibt und damit im Gegensatz steht zum Bild von der Einzigartigkeit des Individuums in Gesellschaften christlicher Prägung, das deren Übergang zur Demokratie erleichtert hat. Der Christenmensch wurde durch die Entdeckung des Gewissens zum verantwortlichen Einzelnen. Wer Verantwortung trägt, kann auch schuldig werden. Umgekehrt gilt auch: ohne Gewissen keine Verantwortung. Die Frage der Individualisierung ist von Gewissen, Moral und Werten nicht zu trennen – auch wenn wir das zuweilen zu vergessen drohen. Ohne diese könnte es keine Gesetze, keine Verfassung, keine Grundrechte geben.

Bei Diskussionen zu diesem Thema habe ich oft das Argument gehört, die Deutschen hätten sich nicht darin einzumischen, wie die Türken oder die Muslime heiraten. Die Deutschen ginge das nichts an. Es sei das Recht eines Migranten zu heiraten und mit seiner Frau zusammenzuleben, ganz gleich wie das zustande gekommen ist. Wenn die Türken ihre Kinder so verheirateten, müsse man das akzeptieren. Ich frage: Gelten für Türken und Muslime oder Men-

schen aus anderen Gesellschaften andere Gesetze als
für die Mehrheitsgesellschaft? Ungefragt wird eine
Kultur verteidigt, weil sie fremd ist und es anderen
(uns) grundsätzlich nicht zusteht, das Fremde zu kritisieren. Es wird dabei aber nicht gefragt, wie diese
Kultur mit ihren Menschen umgeht, ob sie ihre
Mädchen verkauft oder wie Sklaven hält. Ist eine
Kultur demokratiefähig, die dem Einzelnen das Recht
auf Selbstbestimmung verweigert; ist eine Kultur
gesellschaftsfähig, die die Gesetze dieses Landes
ignoriert?

Wenn in der Politik von Zwangsheirat gesprochen
wird, dann ist damit meist auch Frauenhandel und
Zwangsprostitution gemeint – eindeutig Verbrechen, die
verhindert werden müssen. Bei den Zwangsehen und
den arrangierten Ehen sind Erpressung und Nötigung
im Spiel, die bestraft werden müssen. Aber es muss uns
um mehr gehen als die Ahndung von Gesetzesver-
stößen. Es geht um die Verteidigung der Menschenrechte. Und es geht darum, die jungen Menschen selbst
in die Lage zu versetzen, eigene Entscheidungen treffen
zu können. Sie müssen vor der Bevormundung durch
ihre Familie geschützt werden. Es geht um Vorbeugung
und Verhinderung von Entmündigung und nicht nur um
die Verfolgung von Straftaten. In der deutschen Öffentlichkeit fehlt die Sensibilität und die Erkenntnis bei den
Parteien, den Behörden, den Schulen und der öffentlichen Meinung, dass es sich hierbei um ein Problem
handelt, das die Zukunft der Gesellschaft betrifft.

Was tun? Einige Vorschläge

Der „Brautpreis Deutschland" erfreut sich trotz der fremdbestimmten Ehe unter Mädchen und jungen Frauen in der Türkei höchster Beliebtheit. Man weiß dort kaum etwas von Deutschland, und das sorgt für die Haltbarkeit der Träume von einem besseren Leben. Und diese Hoffnungen werden von Eltern, Verwandten und Bekannten kräftig geschürt. Viele Tausend junge Türken und Türkinnen wollen nach Deutschland und sind bereit, fast jeden Preis dafür zu zahlen – auch einen fremden Partner und Familie.

Die Landesregierung von Baden-Württemberg hat im Herbst 2004 eine Bundesratsinitiative zur Bekämpfung der Zwangsheirat beschlossen und der Justizminister des Landes fordert: „Zwangsheirat muss durch einen eigenen Straftatbestand öffentlich geächtet werden." Die Regierung möchte ins Strafgesetzbuch den § 234 b einfügen, der lauten soll: „(1)Wer eine Person rechtswidrig oder mit Gewalt oder durch Drohung mit einem empfindlichen Übel zur Eingehung der Ehe nötigt, wird mit Freiheitsstrafe von drei Monaten bis zu fünf Jahren bestraft. Rechtswidrig ist die Tat, wenn die Anwendung der Gewalt oder die Androhung des Übels zu dem angestrebten Zweck als verwerflich anzusehen ist. (2) Ebenso wird bestraft, wer eine andere Peron seines Vorteils wegen durch die Ausnutzung einer Zwangslage oder der Hilflosigkeit, die mit ihrem Aufenthalt in einem fremden Land verbunden ist, zur Eingehung der Ehe bringt.

(3) Ebenso wird bestraft, wer eine andere Person durch List, Gewalt oder Drohung mit einem empfindlichen Übel in ein Gebiet außerhalb des räumlichen Geltungsbereichs dieses Gesetzes verbringt oder veranlasst, sich dorthin zu begeben, oder davon abhält, von dort zurück zu kehren, um sie zur Eingehung der Ehe zu bringen.
(4) Der Versuch ist strafbar."
Diesem stimme ich zu.

Wir müssen uns bewusst machen, dass es bei den Zwangsheiraten und den arrangierten Ehen um eine politische, kulturelle und religiöse Auseinandersetzung geht, die die entscheidenden Pfeiler unserer Demokratie tangiert. Akzeptieren wir sie als kulturelle Eigenart, als Privileg einer islamischen oder irgendeiner anderen Kultur, werden die demokratische Zivilgesellschaft und die Grund- und Freiheitsrechte beschädigt.

Gesetzliche Ächtung: Eine Möglichkeit, Zwangsehen und arrangierte Ehen zu verhindern, bestünde darin, sie per Gesetz für nichtig zu erklären und auf Antrag eines Ehepartners aufheben zu lassen. Aufenthaltsgenehmigungen, die auf der Basis von Zwangsehen und arrangierten Ehen erteilt wurden, wären dann nichtig, und alle Personen, die sich am Zustandekommen beteiligt hätten, könnten zur Rechenschaft gezogen werden. Frauen und Männer, die die eigene Zwangsehe zur Anzeige bringen, stünden gleichzeitig unter dem Schutz des Gesetzes, obwohl gleichzeitig Vorsorge getroffen werden muss, dass dieses Recht nicht missbräuchlich ausgenutzt wird. Eine klare juristische Regelung und soziale Kontrolle gegen Missbrauch muss gewährleistet sein. Die Betroffenen würden nicht ausgewiesen, sondern könnten ein Bleiberecht erhalten und unter den Schutz der Jugendhilfe o.ä. gestellt werden. Zwangsheiraten und ohne freien Willen zustande gekommene Ehen würden so durch den Gesetzgeber geächtet, ihre Opfer geschützt.

Mindestalter bei Familienzusammenführung: Es gibt eine ganz einfache Regelung, die der Mehrzahl von Zwangsehen und arrangierten Ehen auf elegante Weise den Boden entziehen würde, ohne dass wir eine weltanschauliche oder religiöse Debatte führen müssten. Die niederländische Regierung hat am 5. März 2004 beschlossen – ähnlich wie die Regierung in Dänemark es schon am 15. August 2003 verkündet hat –, dass Familienzusammenführung auf Grund von Eheschließung nur genehmigt werden, wenn beide Partner mindestens das 21., so die Niederländer, oder nach dem dänischen Modell das 24. Lebensjahr vollendet haben.

In den Niederlanden haben diese Regelungen zusammen mit einem Sprachtest dazu geführt, dass die Zahl der Heiratsmigranten innerhalb eines Jahres um ein Drittel abgenommen hat.

Derzeit sind die meisten Frauen, die aufgrund von Familienzusammenführungen nach Deutschland kommen, unter 21 Jahre alt, und sie kommen wie oben erwähnt mehrheitlich durch Zwangs- bzw. arrangierte Ehen hierher.

Da diese Ehen mehrheitlich aus materiellen Gründen geschlossen werden oder weil der „Brautpreis Deutschland" lockt, halte ich es für sinnvoller, diesen arrangierten Ehen von vornherein die

111

Grundlage zu entziehen, als sie hinterher strafrecht-
lich verfolgen zu müssen. Also Vorbeugung statt
Strafe und Opferschutz, ein Prinzip, das sich auch
sonst bewährt hat. Die dänischen Untersuchungen
beweisen, dass der Einfluss der Familie mit zuneh-
mendem Alter der Kinder sinkt. Diese können sich
eher gegen eine fremdbestimmte Partnerwahl durch
die Eltern zur Wehr setzen. Ich bin sicher, dass die
Zahl der Ehen, die auf die Schnelle mit einem Partner
im Ausland arrangiert werden, rapide abnehmen
wird, wenn ein Mindestalter der Ehepartner gefordert
wird. Dies würde entsprechende ausländergesetzli-
che Regelungen voraussetzen.

Warum käme eine 24-jährige Braut für viele
Familien gar nicht Frage?

Die Tochter ist die Ehre der Familie, und die
Familie ist für die Unberührtheit der Tochter verantwortlich. Die Keuschheit einer über 20-jährigen
Tochter zu bewachen, dürfte aber für die Familie viel
schwerer sein als bei einer jüngeren. „Ältere" Frauen
stehen nicht mehr so stark unter familiärer Aufsicht
und sind auch sonst schon selbstständiger. Vielleicht
haben sie schon einen Beruf erlernt oder studieren,
bevor sie sich entschließen zu heiraten. Mit der
Selbstständigkeit der jungen Frauen wird ihre
Entscheidungsfähigkeit gestärkt.

Bei einem 24-jährigen Mann kann man davon ausgehen, dass er in seiner beruflichen Entwicklung
soweit ist, eine eigene Familie unterhalten zu können. Er ist nicht mehr von seiner Familie wirtschaft-
lich abhängig, seine Eltern können ihm dann zumindest nicht mehr aus diesem Grund vorschreiben, wen

er zur Frau nimmt. Ein junger Mann unter 21 Jahren wird allein nicht die Mittel aufbringen können, die er braucht, um in der Türkei eine Hochzeit auszurichten. Er ist dabei auf seine Familie angewiesen. Sie wird schon aus diesem Grund bestimmen, wann es „so weit" ist.

Nachweis eines eigenen Haushalts: Eine Einreise des Ehepartners sollte künftig nur genehmigt werden, wenn der Ehepartner über einen Zeitraum von mindestens einem Jahr nachweist, dass er ein für den Familienunterhalt ausreichendes Einkommen durch Arbeit bezieht und einen eigenen Haushalt führt. Der bereits in Deutschland lebende Partner wäre für seinen Partner verantwortlich und könnte innerhalb bestimmter Fristen keine Sozialhilfe beantragen. Er müsste nachweisen, dass er mit seinem Ehepartner einen selbstständigen Haushalt führen wird. Es ist übliche Praxis bei türkischen Migranten, die Importbräute als kostenlose Haushaltshilfen im Familienhaushalt einzusetzen. Da sie oft in den Wohnungen ihrer Schwiegereltern festsitzen, haben sie meist keine Möglichkeit, überhaupt Kontakte zur deutschen Gesellschaft zu knüpfen.

Verbot von Verwandtenehen: Auch bei den in Deutschland lebenden türkischen Familien ist die Tendenz ungebrochen, die Braut häufig aus dem Verwandtenkreis besorgen zu lassen. Oft beharren die Eltern aus Tradition oder aus wirtschaftlichen Gründen auf der Verwandtenehe. Schließlich heiratete der Prophet, obwohl der Koran in bestimmten Verwandtschaftsverhältnissen ein Ehehindernis sah, selbst seine Cousine Zainab. Und er verheiratete seine Tochter Fatima mit seinem Neffen Ali. Und so hat sich die Ehe von Cousin und Cousine trotz der Prophezeiung und geschürt durch die Furcht, das Kind einer fremden Familie anzuvertrauen, stark verbreitet.

Genaue Zahlen über Verwandtenehen hat niemand, weil sie nie systematisch erhoben wurden. Bei einer Befragung, die im Rahmen eines Forschungsprojekts am Universitätsklinikum Rudolf Virchow in Berlin stattfand, gab jede fünfte von über 300 Frauen an, einen Verwandten geheiratet zu haben. In ländlichen Gebieten der Türkei heiraten mitunter sogar über 40 Prozent innerhalb der Familie, wie eine Untersuchung der Universität Diyarbakir von 1996 ergab.

Dass eine Heirat unter Blutsverwandten erhebliche gesundheitliche Risiken für die in dieser Ehe gezeugten Kinder mit sich bringt, wird ignoriert. Entweder fehlt es an Aufklärung über solche medizinischen Gefahren, oder sie werden in Kauf genommen, weil ohnehin alles dem Plan Allahs folgt.

Je enger das Verwandtschaftsverhältnis, desto größer die Gefahr einer genetisch bedingten Erkrankung. Bei den unter Türken – sehr verbreitet aber unter den Aleviten und Kurdenehen zwischen Cousin und Cousine verdoppelt sich das Risiko, dass der Nachwuchs behindert zur Welt kommt. In der Praxis für vorgeburtliche Diagnostik eines Berliner Frauenarztes wurden im Jahr 2002 bei 160 Cousin-Cousinen-Ehepaaren 14 Foeten mit „schweren Anomalien" diagnostiziert – immerhin eine Rate von 8,5 Prozent. Und die Dunkelziffer solcher mit Anomalien geborenen Kinder dürfte sehr hoch sein. Eine Behinderung wird als Schicksalsschlag Kismet und als „Strafe Gottes" gesehen. Diese Kinder werden meist versteckt.

Ehen von Blutsverwandten dürfen künftig nicht anerkannt werden, die Einreise des Ehepartners zwecks Familienzusammenführung bei naher Verwandtschaft nicht erlaubt werden. Da das Risiko von Behinderungen von Kindern naher Verwandter doppelt so hoch ist wie bei Nichtverwandten-Ehen, sollten zum Schutz der zukünftigen Kinder solche Verbindungen nicht mehr toleriert werden.

Ächtung der Mehrehe: Vielweiberei ist in Deutschland ein Straftatbestand. Und der muss auch für Muslime gelten. Es darf keine Familienzusammenführung mit anschließender Familienversicherung und Versorgung durch das Sozialamt bei Mehrehen geben. Mehrehen müssen für nichtig erklärt werden.

Sprach- und Integrationskurse: Personen, die einen ständigen Aufenthalt in der Bundesrepublik beantragen, müssen schon bei der Einreise ihr Verständnis der deutschen Sprache und Kultur prüfen lassen. Sie müssten danach an Sprach- und Integrationskursen teilnehmen, die mit einem Abschlusstest enden, der bestanden werden muss, bevor eine dauerhafte Aufenthaltsgenehmigung erteilt wird. Andernfalls erhalten sie nur eine Aufenthaltsduldung, die immer wieder neu beantragt werden muss. Das neue

Zuwanderungsgesetz schreibt solche Kurse bereits vor. Vor allem für die jungen Frauen wäre dies die einzige vom Staat vorgegebene Möglichkeit, die Sprache des Landes zu erlernen, in dem sie zukünftig leben werden, und seine Normen und Werte kennen zu lernen. Die deutsche Gesellschaft könnte sich so zum ersten Mal überhaupt einen Eindruck davon verschaffen, wer Bürger ihres Landes wird. Deshalb ist es wichtig, diese Integrationskurse auch dazu zu nutzen, Kontakte zu diesen Menschen aufzubauen, ihnen Vertrauen in die Rechtstaatlichkeit der deutschen Gesellschaft zu vermitteln und ihnen die Chancen aufzuzeigen, die diese Gesellschaft auch ihnen bietet.

Schlussbemerkung

Mir geht es nicht darum, „Gerechtigkeit für die Muslime" einzufordern, sondern Gerechtigkeit und Selbstbestimmung für die muslimischen Mädchen und Frauen zu erstreiten. Das ist ein fundamentaler Unterschied, den der amerikanische Philosoph Francis Fukuyama treffend beschreibt: „Aus einem missverständlcihen Respekt kultureller Unterschiede heraus – und in manchen Fällen aufgrund imperialer Schuld – überließ man es den kulturellen Gemeinschaften, Verhaltensregeln für ihre Mitglieder aufzustellen.

Der Liberalismus kann sich letztlich nicht auf Gruppenrechte gründen, denn nicht alle Gruppen halten die liberalen Werte hoch. Die Zivilisation der europäischen Aufklärung, deren Erbe die zeitgenössische liberale Demokratie ist, kann sich nicht kulturell neutral verhalten, weil liberale Gesellschaften in Bezug auf den gleichen Wert und die gleiche Würde

116

des Individuums ihre eignen Werte haben. Kulturen, die diese Prämissen nicht akzeptieren, verdienen in einer liberalen Demokratie nicht den gleichen Schutz, Mitglieder von Immigrantengruppen und ihre Nachkommen verdienen es, als Individuen gleich behandelt zu werden, nicht als Mitglieder von kulturellen Gemeinschaften. Es besteht kein Anlass, ein muslimisches Mädchen vor dem Gesetz anders zu behandeln als ein christliches oder jüdisches, ganz gleich, was ihre Verwandten darüber denken." (Zitiert nach Francis Fukuama, Wie Muslime Bürger werden, in: Die Welt, 3. März 2007)

Ziel all dieser Maßnahmen ist es, jedem gleich welcher Herkunft und Religion zu ermöglichen, sich seinen Ehepartner selbst auszusuchen und die Botschaft zu vermitteln, dass jeder sich dabei der Unterstützung der deutschen Gesellschaft sicher sein kann. Ich möchte, dass die Integration der hier lebenden Türken und Muslime gefördert und der weiteren Entwicklung einer Parallelgesellschaft entgegengewirkt wird.

Die Regierung, die Parteien, die gesellschaftlichen Institutionen, die Behörden, Lehrer, Sozialarbeiter, die Türken und Muslime selbst müssen diese Praxis ändern wollen. Wenn sich etwas ändern soll, muss sich die Einstellung der Gesellschaft zu diesem Problem ändern. Es ist eine Frage unserer Zukunft.

Den Umstand, dass wir über den Islam in Europa diskutieren, schulden wir keiner intellektuellen Marotte und keinem Wettstreit der Ideen, sondern der sozialen und politischen Realität.

117

Der Islam in Europa ist ein Ergebnis der Migration aus den arabischen Ländern und den Gebieten des ehemaligen Osmanischen Reiches. Und es ist ein Erbe des französischen und britischen Kolonialismus. In den aktuellen Grenzen der Europäischen Union leben zur Zeit über 50 Millionen Menschen, die zu den Muslimen gerechnet werden. Und, glaubt man den Demografen und erfüllen sich die Wünsche zum Beispiel der Türkei, wird der Islam auf absehbare Zeit ein wachsender Faktor nicht nur der Außen-, sondern der europäischen Innenpolitik. Die Auseinandersetzung mit dem, was Islam ist und wie er gelebt wird, berührt also den Kern der europäischen Identität und Zukunft.

Außer der im Text erwähnten, habe ich folgende Quellen verwendet :

Der Koran, übersetzt von Rudi Paret, Kohlhammer 1979
Kelek, Necla, Islam im Alltag, Waxmann 2002
Kelek, Necla; Die fremde Braut. Kiepenheuer und Witsch 2005
Kelek, Necla; Die verlorenen Söhne. Kiepenheuer und Witsch 2006
Geertz, Clifford; Religiöse Entwicklungen im Islam, Frankfurt a. M. 1991
Khoury, Adel Theodor; Der Koran, erschlossen und kommentiert. Patmos 2007
Khoury/ Hagemann/ Heine; Islam-Lexikon. Spektrum 2006
Spuler-Stegemann, Ursula; Muslime in Deutschland. Herder Spektrum 2002
Weber, Max; Gesammelte Aufsätze zur Religionssoziologie, Tübingen 1920/21

LAUDATIO PETRA GERSTER

Stephan Märki
Generalintendant des Deutschen
Nationaltheaters Weimar

Wir alle kennen Petra Gerster – weil wir ihr beinahe täglich begegnen, ihr zuhören und zusehen, wenn sie die ZDF-Nachrichtensendung „heute" moderiert. Und das tut sie seit 1998. Einige wissen vielleicht auch, dass sie im vergangenen Jahr ein Buch vorgelegt hat, ein sehr persönliches, das den Titel trägt: „Reifeprüfung – Die Frau von 50 Jahren". Darin setzt sich die damals Fünfzigjährige mit dem Älterwerden auseinander, mit weiblichen Lebensentwürfen, mit den Schwierigkeiten, denen Frauen in diesem Alter ausgesetzt sind, und mit den Männern, an denen sie nicht viel Gutes gelten lässt: Alte Abschlepper von jungen Frauen ... Dieses Buch, das die Bild-Zeitung in Auszügen vorab ihren Lesern zur Lektüre empfahl, wurde in der FAZ weniger gelobt als in der Süddeutschen Zeitung. Egal. Wer glaubt schon Kritikern?

Was aber nur die wenigsten wissen, ist, dass Petra Gerster zusammen mit ihrem Mann Christian Nürnberger – auch er ist Journalist – vor fünf Jahren ein höchst bemerkenswertes Buch publizierte. „Der Erziehungsnotstand – Wie wir die Zukunft unserer Kinder retten". Petra Gerster und ihr Mann gehen der Frage nach, was Eltern tun können, um ihre Kinder für das Leben stark zu machen. Sie erinnern sich, als diese Publikation erschien, war die für Deutschland eher

121

blamable PISA-Studie das Diskussionsthema überhaupt. Petra Gerster und Christian Nürnberger, die
Eltern zweier Kinder sind, suchen nach Antworten auf
Fragen, die alle Eltern sich stellen: Was tun, wenn die
Schule versagt? Wie kann man ersetzen, was Lehrer
nicht zu bieten haben? Welche Werte soll und kann
man Kindern vermitteln? Was bedeutet im 21. Jahrhundert eine gute Erziehung überhaupt?

Sicher ist dieses Buch ein sehr praktischer Erzie-
hungsratgeber, in dem einfache Probleme einfach
gelöst werden, doch zugleich versuchen Petra Gerster
und ihr Mann darüber hinaus eine Diskussion zu ent-
fachen über Werteverfall und Werteerhalt. Neben der
Praxis also durchaus auch Erziehungstheorie.

Dass Petra Gerster ein solches Buch reizen musste,
dass es ihr gelingen konnte, beweist ihr eigener
Lebensweg – der die Suche nach Bildung, nach
Werten dokumentiert. Und besondere Leistungen
vorweisen kann.

Geboren als Tochter eines Arztes, besuchte sie ein
humanistisches Gymnasium in ihrer Geburtsstadt
Worms. Studierte nach dem Abitur Slawistik und
Germanistik in Konstanz, Paris und den USA. Ein
Stipendium der Studienstiftung des deutschen Volkes
machte es möglich – und wer es erhält, kann sicher
sein, dass sie oder er es verdient hat. Die Leistungen,
die von den Bewerbern gefordert werden, sind hoch.

Ihre berufliche Laufbahn begann Petra Gerster 1982
al freie Mitarbeiterin beim „Kölner Stadtanzeiger", wo

122

sie ein Jahr später ein Volontariat absolvierte. 1985 ging sie zum Westdeutschen Rundfunk, arbeitete in der Nachrichtenredaktion „Aktuelle Stunde", zwei Jahre später schon übernahm sie die Moderation der Sendung. 1989 der nächste Karrieresprung. Sie wird Moderatorin des ZDF-Magazins „Mona Lisa" – zehn Jahre lang bleibt sie dieser Sendung treu. Sie präsentiert Sendungen, die deutlich ihr soziales, politisches und intellektuelles Engagement offenbaren, Filme über „Frauen im Knast", „Ware Weib", „Chancengleichheit", „Armut ist weiblich". Nebenher leitete sie von 1992 bis 1995 den „Frauenstammtisch" bei 3sat, moderierte 1994 die eigene Talk-Show „Gerster neunzehnzehn" und von 1995 bis 1997 die Sendung „Achtung! Lebende Tiere!" Dann der Sprung zu „heute". Und danach die Bücher.

Dieser kurze Blick in Petra Gersters Lebenslauf verdeutlicht, wofür sie sich engagiert, wofür sie streitet und kämpft: für Erziehung, für Bildung, für die Frauen und den Tierschutz. Immer wieder plädiert sie dafür, dass wir Menschen Verantwortung übernehmen müssen für andere, für unsere Umwelt, für die Welt. Dass wir Mitgefühl entwickeln müssen und dass es Werte gibt, jenseits von Karriere, Geld und Luxus.

WERTEERZIEHUNG – WIE GEHT DAS?

**Petra Gerster
Fernsehjournalistin und
Moderatorin im ZDF**

Vor fünf Jahren hat der 19-jährige Robert Stein-
häuser am Erfurter Gutenberg-Gymnasium 13
Lehrer, zwei Schüler und einen Polizisten erschos-
sen. Anschließend tötete er sich selbst. Ich kann mir
vorstellen, dass die Erinnerung daran hier noch
lebendiger ist als in anderen Ecken Deutschlands.

Aber nicht wegen der geografischen Nähe zum Ort
des Geschehens erinnere ich hier an dieses Ereignis,
sondern wegen des Themas, das mir für heute aufge-
geben ist: *Werteerziehung – wie geht das?*

Zwei Tage nach diesem Erfurter Amoklauf hatte
nämlich die CDU-Vorsitzende *Angela Merkel* eine
gesellschaftliche Diskussion über Werte und
Erziehung gefordert. Und das erschien mir eine
etwas hilflose Reaktion. Über Werte und Erziehung
zu diskutieren ist zwar immer richtig – das Problem
ist nur: Nach solchen Ereignissen wie in Erfurt eine
Werteerziehung zu fordern, zeigt nicht die Lösung
des Problems auf, sondern verschärft die Rat- und
Hilflosigkeit, die in so einer Forderung aufscheint.

Noch rat- und hilfloser ist der in solch einer
Situation auch gern gegebene Vorschlag, das Schul-
gebet wieder einzuführen. Oder die Forderung: Wir
müssen wieder glauben.

125

Die Frage ist nämlich: Woher nehmen? Man kann Wertpapiere besitzen, aber nicht die Werte. Glauben und Werte gehören zu jenen unverfügbaren Dingen des Lebens, die man nicht herbeidiskutieren kann. Und wenn sie uns einmal abhanden gekommen sind, dann kann man sie auch nicht geschwind wieder herstellen wie Benzin, Bücher oder Bouletten.

Glaube ist das, woran mein Herz hängt. Und woran ich mein Herz hänge, wächst erst im Lauf eines Lebens heran. Werte sind das, was mir wirklich wichtig ist im Leben. Und was mir wirklich wichtig ist, weiß ich erst, wenn ich schon eine Zeit lang gelebt habe. Im Unterricht, in der Schule und daheim kann ich mir zwar von den Lehrern und Eltern sagen lassen, was wichtig ist, und warum es mir auch wichtig sein sollte, aber einpauken kann man mir das nicht.

Es gibt kein Fach Freiheit, Liebe, Solidarität, Charakter oder Gewissen, das man lehren und lernen könnte wie Latein und abfragen wie Vokabeln. Hinzu kommt: Erziehung und Bildung finden nicht in isolierten Räumen der Familien und Schulen statt, sondern in offenen Räumen einer offenen Gesellschaft. Das kulturelle Klima, die politische Lage, die wirtschaftlichen Verhältnisse und nicht zuletzt die Medien konstituieren jene komplexe Wirklichkeit, in der Erziehung und Bildung stattfinden.

Daher ist das Wertesystem, das sich bei unseren Kindern aufbaut, eine Nebenwirkung des Lebens, eine Nebenwirkung dessen, was Eltern und Erzieher tun, aber auch eine Nebenwirkung des öffentlichen, gesellschaftlichen und politischen Lebens, des weiteren eine Nebenwirkung dessen, was über die Medien in die Köpfe unserer Kinder dringt. Die Summe dieser Nebenwirkungen ist im Ergebnis oft stärker als alle zielgerichteten Bemühungen von Eltern und Erziehern.

In den alltäglichen Entscheidungen, die in der Familie, der Schule, in den Medien, in der Wirtschaft und in der Politik getroffen werden, zeigt sich, woran unser Herz hängt, womit wir rechnen, und woran wir glauben. Was uns Erwachsenen wirklich wichtig ist, erschließt sich daher unseren Kindern weniger aus unseren Worten als aus unseren Taten und aus unserem bewussten und unbewussten Umgang mit der Welt und den Menschen. Kinder sehen, wie ihre Eltern mit den Großeltern und anderen älteren Menschen umgehen, und genauso werden wahrscheinlich die Kinder später einmal als Erwachsene mit ihren Eltern und anderen älteren Menschen umgehen. (Grimm-Märchen)

Auf das, was Menschen als ihre höchsten Werte bezeichnen, sollte man nicht viel geben. Was tatsächlich ihre höchsten Werte sind, erschließt sich nicht aus ihrem Reden, sondern aus ihrem Handeln. Es kann einer tausendmal am Tag seiner Frau ins Ohr flöten, wie sehr er sie liebt, und wie sehr er für die Gleichberechtigung der Frau ist, aber wenn immer sie es ist, die das Clo putzt, während er Aristoteles im griechischen Original liest, dann ist er zwar sehr gebildet, aber mit seiner Liebe zu seiner Frau und deren Rechten kann es nicht so weit her sein.

127

Kinder haben ein feines Gespür dafür, ob Erwachsene sich selber an das halten, was sie sagen. Wenn Kinder merken, dass da etwas nicht stimmt, dann sind Appelle an das Gewissen, Aufrufe zur Moral und öffentliche Debatten über Werte vergebens.

Wenn man die Werte, die man verbal hochhält, nicht auch durch sein Leben und seine täglichen Entscheidungen realisiert und auch gegen sich selbst und seine Interessen anwendet, dann vermittelt sich einem Kind nur, dass es offenbar von Vorteil ist, sich selbst nicht beim Wort zu nehmen.

Eltern, die ihren Kindern Wahrheitsliebe predigen und dann von den Kindern beim Lügen ertappt werden, können sich künftige Erziehungsversuche zur Wahrheit sparen.

Politiker, die öffentlich Wasser predigen und heimlich Wein trinken, können das Wasserpredigen sein lassen. Die Wähler glauben es ihnen sowieso nicht mehr, und die Kinder und Jugendlichen lernen daraus nur: Heucheln lohnt sich. Man kommt damit in die höchsten Ämter.

Und so ziehen Heuchler Heuchler heran. Verlogenheit gebiert Verlogenheit. Geiz erzeugt Geiz. Lieblosigkeit produziert Lieblosigkeit.

Wenn Popsängerinnen auf der Bühne angezogen sind wie Nutten, wenn deren Songs ausschließlich von Sex and Drugs handeln, wenn einen von jeder Litfaßsäule eine halb oder ganz Nackte anlächelt, wenn sich die Inhalte von Jugend-, Frauen- und

128

Männermagazinen zu einem großen Teil um Sex und ums Aussehen drehen, und wenn für fast alles mit Sex geworben, weil es heißt Sex sells – dann darf man sich nicht wundern, dass das auf Kinder und Jugendliche abfärbt, ihr eigenes, noch labiles Wertesystem prägt, und dass sie dann in der Schule Fächer wie Mathe, Physik und Chemie nicht besonders sexy finden.

Wenn Magermodels, die sich von warmem Wasser, Salatblättern und einer Prise Koks ernähren, den Mädchen dieser Welt vormachen, was cool aussehen bedeutet, darf man sich nicht wundern, dass sich Magersucht und Bulimie unter Jugendlichen epidemisch verbreiten. Wir blicken in einen Spiegel, wenn wir auf unsere Kinder schauen.

„Eine bedeutende Erziehungsinstanz – das wären wir alle, die Öffentlichkeit", sagt der große Pädagoge Hartmut von Hentig. Er meine damit nicht den älteren Herrn, der den Jungen nahelegt, lieber nicht zu rauchen, sondern: „Vorbild und Verantwortung, also Sich-bewußt-Sein, dass man Wirkungen erzeugt – nicht so sehr auf das unmittelbare Verhalten der Jüngeren als darauf, welches Bild sie sich machen vom Leben. Sie werden es entweder als einen Kampfplatz ansehen, ein Ausbeutungsobjekt, ein Feld beliebiger Lustbarkeit und unvermeidlicher Grausamkeit – oder als etwas anerkennen, wofür gemeinsam Sorge zu tragen sich lohnt: Denn die anderen geben sich ja auch Mühe – und sie achten auf mich."[1]

1 *Hartmut von Hentig* BEHALTET BITTE DIE NERVEN DIE ZEIT Nr. 37 08.09.1995

Erwachsene, auch Personen des öffentlichen Lebens, Sportler, Popidole, Filmstars und Politiker sind deshalb, ob sie es wollen oder nicht, immer auch Vorbilder. Ob sie und wir Eltern es wollen oder nicht – sie erziehen unsere Kinder mit. Darum können wir nicht von dem absehen, was im öffentlichen Leben passiert. Es funkt in jede Erziehung hinein.

Als unsere Tochter zehn Jahre alt war – es war gerade die Zeit des großen Spendenskandals in der Union –, stellte sie einmal fest, dass wir öfter von „roten" oder „schwarzen" Politikern sprachen. Und sie fragte, ob das Schwarz für die CDU von Helmut Kohls schwarzen Kassen käme. Wir lachten und sagten, wenn es so wäre, dann müssten die entsprechenden Kassen der SPD rot und die der FDP blau-gelb sein.

Aber zugleich erfuhren wir: Schon Kinder bekommen mit, dass führende Repräsentanten unseres Staates es mit unseren Werten und den von ihnen selbst gemachten Gesetzen nicht so genau nehmen. Da braucht man sich natürlich nicht zu wundern, dass die Deutschen zu einem Volk der Steuerbetrüger geworden sind.

Und als Erzieher wird es einem nach jedem weiteren Korruptions- und Parteispendenskandal immer noch ein bisschen schwerer gemacht, sein Kind zu Ehrlichkeit, zu Korrektheit zu erziehen, und zugleich wird es noch schwieriger, seinem Kind Vertrauen in unsere Demokratie zu vermitteln und zu erklären, warum man trotzdem weiterhin zu diesem Staat steht.

Auch Manager, die mit einer Millionenabfindung nach Hause gehen, wenn sie ihr Unternehmen in den Sand gesetzt haben, und zugleich kritisieren, das Arbeitslosengeld sei zu hoch, haben schon viel für die Vergeblichkeit unserer Erziehungsbemühungen getan. Sich selber an amerikanischen Managergehältern orientieren, den Lohn seiner Angestellten aber auf polnisches Niveau drücken, trägt ebenfalls dazu bei, das Vertrauen in den sozialen Rechtsstaat, der wir doch angeblich sind, zu unterminieren. Der Fisch stinkt eben immer vom Kopf her.

Kinder ab einem gewissen Alter, und noch viel mehr Jugendliche, merken, ahnen, spüren, wenn werktags etwas anderes gilt, als sonntags gepredigt wird. Wenn der Deutsche Sportbund mit dem Slogan wirbt „Keine Macht den Drogen", dann ist das dafür ausgegebene Geld so lange zum Fenster hinausgeworfen, so lange immer wieder Sportler des Dopings überführt oder Bundesliga-Fußballtrainer beim Koksen erwischt werden oder betrunkene Fußballfans durch die Städte und Stadien randalieren.

Wenn der Deutsche Sportbund sagt, der Sport vermittle Werte wie Teamgeist, Zusammengehörigkeitsgefühl und Fairness, und das Kind sieht im Fernsehen, wie sich Bundesliga-Fußballer gegenseitig anbrüllen, wie sie aneinander zerren und wie sie so geschickt zu foulen versuchen, dass der Schiedsrichter nichts merkt, lernt ein Kind: Fairness ist was für Amateure, für Profis gelten andere Gesetze.

Und das gilt nicht nur für die Profis im Sport, sondern scheint generell für jede Profession zu gelten, auch für meine eigene, den Journalismus, für die Zunft der Medienmacher.

Zeitungen und die Pressefreiheit sind ursprünglich einmal erfunden worden, um den mündigen Bürger in einer Demokratie mit jenen Informationen zu versorgen, die er braucht, um in der öffentlichen politischen Auseinandersetzung zu einem eigenen Standpunkt zu finden.

Die Werte Presse- und Informationsfreiheit, Bildung, Aufklärung und Meinungsvielfalt werden auch immer hochgehalten, wenn es in Sonntagsreden um die Medien geht. Die Werte stehen auch in den Unternehmensgrundsätzen und Hochglanzbroschüren der Medienindustrie.

Aber was deren wahre Werte sind, zeigt sich, wenn in den Fernsehsendern anspruchsvolle Sendungen gekürzt, auf ungünstige Sendeplätze verschoben, in Spartenkanäle entsorgt oder ganz aus dem Programm gekickt werden, weil man mit dem Seichten, Banalen und Minderwertigen offenbar mehr Zuschauer vor der Glotze versammelt als mit einem Programm auf hohem Niveau.

Die Programm-Macher beteuern natürlich immer, keine Schulmeister sein zu wollen, die ihren Kunden vorschreiben, was sie sehen sollen. Schließlich herrsche auch beim Fernsehen Demokratie, und so gäben sie dem „mündigen Bürger" nur, wonach dieser angeblich verlangt, und gerne führen sie dafür auch noch die Informations- und Meinungsfreiheit ins Feld.

Eben darin kommt die Berufskrankheit des Journalisten zum Vorschein: der professionelle Zynismus, denn natürlich weiß jeder, dass es schon lange nicht mehr um mündige Bürger, Aufklärung und Information geht, sondern um Quote, und zwar leider fast überall, selbst in den ö.-r. Sendern.

Sonntags wird dann aber gerne der Sittenverfall beklagt, auch in den Medien, gerne auch von denen, die mit den Medien ihr Geld verdienen. Sonntags jammern alle, dass unsere Jugend nur auf Spaß, Partys und coole Klamotten erpicht ist. Und wenn dann von Zeit zu Zeit ein Jugendlicher Amok läuft, wird gefragt, ob es denn in Ordnung sei, dass Medienkonzerne mit ihren Produkten handeln dürfen wie mit Schrauben. Es wird gefragt, ob es vernünftig ist, den Markt bestimmen zu lassen, was über die Medien in die Köpfe unserer Kinder dringt, es wird gefragt, ob wir um der Freiheit des Marktes willen tatsächlich dazu verdammt sind, tatenlos mit ansehen zu müssen, wie durch die Medien die Gehirne unserer Kinder verseucht werden, und es wird gefragt, ob unser Hochtechnologiestandort Deutschland es sich leisten kann, sein Leitmedium auf Ballermann-Niveau herunterquoten zu lassen. Es wird ein Zusammenhang vermutet zwischen den Ergebnissen der PISA-Studie und der Qualität unseres Fernsehens. Und ganz Radikale fordern gar ein Verbot von gewaltträchtigen Computerspielen.

Montags ist das aber alles schon wieder vergessen, denn da wird bereits eine neue Sau durchs Dorf gejagt. Und das mit dem Computerspiel-Verbot und einer schärferen Kontrolle von Medieninhalten muss man sich auch noch einmal überlegen, weil wir doch eine liberale, freiheitliche Gesellschaft und darüber hinaus eine Marktwirtschaft sind, und staatliche Eingriffe in den Markt sind prinzipiell von Übel, heißt es.

Seltsamerweise sagt das niemand, wenn es um Gammelfleisch geht, Gift in der Kindernahrung, Hormone im Kalbfleisch, Salmonellen im Huhn und Nitrate im Trinkwasser. Da greift der Staat sofort mit aller Härte ein. Da wird der Staatsanwalt aktiv, und der Staat schert sich überhaupt nicht um den Markt, weil es ein höheres Gut zu schützen gilt als die Freiheit der Produzenten, minderwertiges oder gar gesundheitsschädliches Zeug zu verkaufen. Aber Zeug, das die geistige und seelische Gesundheit von Kindern und Jugendlichen gefährdet, darf um der Freiheit der Produzenten willen verkauft werden.

Und natürlich auch um der Pressefreiheit willen. Sie ist ein hohes, grundgesetzlich geschütztes Gut. Zu Recht. Aber wenn der Schutz dieser Freiheit so weit ausgelegt wird, dass auch noch ihr Missbrauch geschützt ist, wenn für einige Medienerzeugnisse der tägliche Verstoß gegen die journalistische Sorgfaltspflicht und der ständige Missbrauch der Pressefreiheit geradezu die Geschäftsgrundlage bilden, ohne die man gar nicht die Chance hätte, Geld zu verdienen, dann muss irgendwann mal in diesem Land geklärt werden, wie viel Missbrauch wir uns leisten können oder wollen.

Wenn öffentlich gelogen und geheuchelt wird, verfallen übrigens nicht die Werte Wahrheit, Wahrheitsliebe, Wahrhaftigkeit oder Aufrichtigkeit. Werte können gar nicht verfallen. Verfallen kann nur unsere Bereitschaft, einem Wert wie der Wahrhaftigkeit durch unsere Wahrheitsliebe Geltung zu verschaffen. Verfallen kann die Bereitschaft, für Werte einzutreten, die höheren Werte den geringeren vorzuziehen und das eigene propagierte Wertsystem im Konfliktfall auch gegen sich selbst anzuwenden. Verfallen kann die Bereitschaft, höheren Werten unsere eigenen Interessen unterzuordnen. Verfallen kann unsere eigene Glaubwürdigkeit.

Und diese Glaubwürdigkeit verfällt nun mal, wenn die hohen Werte, die man ergriffen im Munde führt, im Alltag nicht realisiert werden. Denn der Alltag ist es, nicht die Sonntagsrede und nicht die Politikerrede, die das Wertesystem von Kindern und Jugendlichen aufbaut. Und wenn Sie sich nur einmal den normalen Fernsehalltag betrachten, dann fällt Ihnen folgendes auf: Die Programme im Fernsehen wechseln, die Moderatoren, die Nachrichten und die Inhalte wechseln, Präsidenten kommen und gehen, Moden kommen und gehen, die Zeiten ändern sich immer schneller, die Zukunft ist ungewiss, alles ist offen und unvorhersagbar, nur eines ist so sicher wie das Amen in der Kirche: die Werbeunterbrechung.

So wird den Menschen vom Kleinkindalter an bis zum Erwachsenwerden mit Millionen Werbeunterbrechungen unauslöschlich ins Hirn gebrannt, was wirklich wichtig ist im Leben: Konsum. Kaufen und

Verkaufen global und rund um die Uhr, auch sonntags, gerade sonntags, das ist zur alles bestimmenden Wirklichkeit geworden. Und wer dann in dieser Wirklichkeit von Werten redet, wirkt seltsam komisch und realitätsfremd und ein bisschen wie Don Quijote.

Dennoch dürfen wir nicht resignieren. Dennoch müssen wir gegen alle Widerstände und alle widrigen Einflüsse von außen versuchen, den Kindern in der Schule und in der Familie vorzuleben, worauf es wirklich ankommt, und was wirklich wichtig ist, und zwar von Anfang an, also von der Geburt an. Und darum gilt: Der erste Ort für Bildung ist die Familie.

Was Kinder in einer Familie erleben oder nicht erleben, entscheidet darüber, welchen Werten sie sich öffnen, ob sie überhaupt ein Gespür für Werte entwickeln oder nicht. Ob sie sich ihre angeborene Neugier erhalten, den Wunsch, begreifen zu wollen, und ihr Verlangen, auszuprobieren und zu entdecken, weiterentwickeln oder verlieren, hängt in hohem Maße von dem ab, was sie in ihren ersten sechs Jahren im Elternhaus und im Kindergarten erleben.

Wie Kinder mit Erfolg und Misserfolg umgehen, wie sie sich in unklaren Situationen verhalten, ob Niederlagen sie in die Resignation treiben oder zu neuen Bemühungen anspornen, und ob sie „Belohnungsaufschub" leisten können zugunsten längerfristiger Ziele, das alles lernen sie primär in der Familie – oder eben nicht, und dann mit gravierenden Folgen für ihr weiteres Leben.

Im Nest der Familie machen die Jungen ihre ersten Übungen im Fach Leben. Dort ahmen sie nach, was ihnen vorgelebt wird. Dort bekommt das Leben der

Kinder eine erste Struktur, einen Rhythmus und eine Ordnung. Dort erfahren sie von Anfang an: Leben ist Werden und Vergehen zwischen Geburt und Tod. Und Leben lernen heißt unterscheiden lernen.

Also lernen sie den Unterschied zwischen gut und böse, wahr und unwahr, schön und hässlich, zuviel und zu wenig, wichtig und unwichtig. In der Familie lernen sie den Unterschied zwischen richtigem und falschem Stolz, richtigem und falschem Ehrgeiz, Mut und Tollkühnheit, Sparsamkeit und Geiz, Großzügigkeit und Verschwendungssucht.

Dort lernen sie, wie man sich freut und wie man trauert, wie man sich in Menschen und Tiere einfühlt, wie man Schmerzen aushält und sich selbst, seinen Körper und seine Triebe beherrscht. Dort lernen sie, wann, wo, wie und warum gearbeitet wird, und wann, wie, wo und warum gefeiert. Dort lernen sie, wie man mit dem Bösen umgeht, mit der Lüge, der Gewalt, mit dem Leid, mit Krankheiten, mit Unglück und mit dem Tod. Dort lernen sie, wie man sich gegenüber Schwächeren verhält und gegenüber Stärkeren, wann Regeln gelten und wann die Ausnahme, was man werktags tut und sonntags, wie sich der Alltag vom Fest unterscheidet, und dass Ostern anders riecht als Weihnachten.

Dort lernen sie, dass auch ihre Eltern Eltern haben, und diese ebenfalls Eltern hatten, dass sie also Teil einer Geschichte sind, die sie nicht mehr ändern können, aber eine Zukunft haben, die sie noch beeinflussen und gestalten können, und dass diese Zukunft nur besser wird, wenn sie aus den Fehlern der Vergangenheit lernen.

In der Familie lernen Kinder, dass ihr Zuhause Teil eines Dorfes, einer Stadt, einer Region eines Landes ist, und dieses Land eine Geschichte hat, durch die sie über viele Generationen hinweg mit den Ereignissen dieser Geschichte verbunden sind. So kann ein Gefühl für Heimat und Geborgenheit in ihnen heranreifen. So lernen sie, Verantwortung für sich und ihr Zuhause zu übernehmen. So lernen sie, ohne dass sie es richtig merken, ich-starke Charaktere zu werden.

Oder sie lernen es nicht. Gelernt wird das alles nur, wenn dieses Nest nicht beschädigt ist, wenn es über funktionierende Strukturen verfügt oder zumindest über einen Ersatz für diese Strukturen, und wenn da mindestens ein Erwachsener ist, der diese Unterscheidungen aufrecht erhält und vorlebt, was ihm wichtig ist.

Wo kein Unterschied gemacht wird zwischen Werktag und Feiertag, Ostern und Weihnachten, wo das Leben nur den Unterschied zwischen Arbeit und Freizeitgestaltung kennt, da wird natürlich weniger gelernt. Wo es keine Familienfeiern gibt und keine Verwandtenbesuche, werden möglicherweise auch keine Familiengeschichten erzählt und vielleicht auch keine anderen. Wo sich Eltern ausklinken aus dem Strom der Geschichte und der Traditionen, wird sich kein Kind einklinken, und da kann dann auch kein Geschichtsbewusstsein und kein Verantwortungsgefühl fürs Ganze entstehen. Wo sich Eltern, Geschwister, Verwandte indifferent-gleichgültig verhalten gegenüber Gut und Böse, Wahr und Unwahr, Schön und Hässlich, kann sich auch im Kind kein Unterscheidungsvermögen bilden, keine Werthaltung, kein Charakter entwickeln.

Unterscheidungsvermögen bildet sich, wenn Eltern zwischen Liebe und Verwöhnung zu unterscheiden wissen, wenn sie konsequent sind in ihrer Haltung, aber auch immer wieder begründete Ausnahmen zulassen, wenn sie ihre Kindern fordern, ohne sie zu über- oder zu unterfordern. Unterscheidungsvermögen bildet sich, wenn Eltern das richtige Maß für Lob und Tadel finden, für Freiheit und Kontrolle und für Geben und Nehmen.

Wo solche Unterschiede nicht gemacht werden, wo über das jeweils richtige Maß nie diskutiert und gestritten wird, wo Familienereignisse, Fernsehsendungen oder Zeitungsberichte selten zu Familiendiskussionen führen und keine Werturteile oder Meinungsverschiedenheiten hervorrufen, wo es keine Bücher gibt und nicht gelesen und vorgelesen wird, wo dies alles nicht passiert und generell auch wenig gesprochen und kommuniziert wird, sinkt die Chance der Kinder auf Entwicklung, lernen sie nicht, sich eine differenzierte Sprache anzueignen, differenziert zu denken, sensibel auf menschliche Signale zu reagieren, menschliche Verhaltensweisen zu deuten, nonverbale Kommunikation zu verstehen, soziale Intelligenz zu entwickeln.

Wo Sprachlosigkeit herrscht, sinkt die Urteilskraft und mit ihr die Abwehrkraft gegen schlechte Einflüsse, Manipulationen, Konsumismus und Gewalt. Damit beginnt die geistige, seelische und körperliche Verwahrlosung, und daraus entwickelt sich Ich-Schwäche.

Ich-Schwäche ist, wie sich in letzter Zeit immer mehr herausstellt, eine der größten Gefahren für die Zukunft unseres Landes. Ich-schwache Kinder suchen Schutz in der Clique Gleichaltriger. Dort erhalten sie die Anerkennung, die sie zu Hause nicht bekommen. Damit übernimmt die Clique die Funktion einer Ersatzfamilie. Abgrenzung nach außen erhöht die Homogenität der Gruppe nach innen. Gemeinsam fühlen sich schwache Jugendliche stark, und diese vermeintliche Stärke äußert sich in Aggression nach außen und wachsender Gewaltbereitschaft. Und wo auch die Clique noch fehlt, flüchtet sich der Ich-Schwächling in blutrünstige Computer- und Videospiele und lebt dort seine Sehnsucht nach Ich-Stärke aus, und manchmal wird dann daraus grausige Realität.

Natürlich sind es nicht die Eltern allein, die wesentlich das Schicksal ihrer Kinder beeinflussen. Je älter diese werden, je stärker ihr Aktionsradius wächst, desto größer werden die Einflüsse von außen. Aber auch auf diese Einflüsse haben Eltern Einfluss. Welchen peergroups ein Kind sich anschließt, welche außerfamiliäre Einrichtungen ein Kind besucht oder nicht, welche Angebote es wahrnimmt, welche Medien es nutzt oder nicht, kann man entweder dem Zufall überlassen oder so weit wie möglich bewusst steuern.

Obwohl das Geschäft der Erziehung ein schwieriges ist, und obwohl es in ein kompliziertes Umfeld eingebettet ist, darf man nicht übersehen, dass es auch einige sehr einfache und zugleich sehr wirkungsvolle Möglichkeiten gibt, den Kindern zu helfen, sich zu starken Persönlichkeiten zu entwickeln.

Die erste einfache Maßnahme bestünde darin, dass die Eltern die Fernseher, Videospielkonsolen und Computer aus den Kinderzimmern entfernen oder gar nicht erst anschaffen. Die zweite Maßnahme wäre, dass die Eltern von Kleinkindern sich die Mühe machen, ihren Kindern jeden Abend vor dem Einschlafen vorzulesen. Dass sie auch mal am Wochenende tagsüber etwas vorlesen. Dass sie ihren Kindern Geschichten erzählen, Gedichte beibringen, dazu Wortspiele, Schüttelreime, Abzählverse, Rätsel und Witze. Das alles würde nämlich den Kindern die wichtigste Schlüsselkompetenz vermitteln, die es gibt: Sprache.

Sprache ist mehr als nur ein Mittel zur Verständigung. Sprache ist der Schlüssel zum Schloss in jenem Tor, das uns die Welt öffnet. Unser Wissen über die Welt kann niemals größer sein als unsere Fähigkeit, dieses Wissen in Worte zu fassen. Die Grenze meiner Sprache ist die Grenze meiner Welt. Und Sprachlosigkeit ist eine Schwester der Gewalt. Wer nicht gelernt hat, Konflikte verbal auszutragen, löst sie mit der Faust. Sprachschwäche generiert Ich-Schwäche.

Ich-Stärke bauen die Eltern abends am Kinderbett auf. Vorlesen vergrößert nicht nur den Wortschatz der Kinder, es fördert auch die Konzentration. Während des Vorlesens wird ein größerer Zusammenhang aufgebaut, der über längere Zeit die Aufmerksamkeit des Kindes erfordert. Auch das Gedächtnis wird gebraucht, die Erinnerung an vorausgegangene Handlungen, um die gegenwärtigen zu verstehen und sich in den künftigen zurechtzufinden. Den roten

Faden einer Geschichte muss sich das Kind selber spinnen. Und dazu braucht es seine Phantasie, denn es muss sich das Gehörte selbst bebildern. Noch bevor es also selber lesen kann, eignet es sich beim Hören auf das Vorgelesene die Fähigkeiten an, auf die es beim späteren Lesen, in der Schule und überhaupt im Leben ankommt: Konzentration, Imagination, Gedächtnis, wache Aufmerksamkeit über längere Zeit. Und das Ganze ist auch noch unterhaltsam, ist keine Arbeit, sondern ein Vergnügen.

Deshalb sind vorlesende Eltern durch nichts zu ersetzen, schon gar nicht durch den Computer. Nicht die Nutzung der Medien bestimmt den Grad unserer Bildung, sondern der Grad unserer Bildung entscheidet über unsere Fähigkeit, die Medien effizient zu nutzen. Über Medienkompetenz verfügt nicht, wer in der Lage ist, übers Internet beim Otto-Versand eine Bestellung aufzugeben oder ein Computerspiel zu spielen. Über Medienkompetenz verfügt, wer in der Lage ist, seine Medien kritisch zu wählen, zu sichten und auszuwerten.

Dazu braucht es einen kritischen Verstand. Kritischer Verstand aber setzt eine differenzierte Sprache voraus.

Durch Vorlesen das Kind zum Selberlesen bringen ist also die erste einfache Maßnahme, die sich wundersam auf künftige PISA-Tests auswirken könnte. Man weiß das schon lange, für Pädagogen aller Zeiten ist das eine Binsenweisheit, aber es wird kaum noch Gebrauch davon gemacht.

Eine zweite Maßnahme, ebenfalls eine seit 2000 Jahren bekannte Binsenweisheit, lautet: Mehr Sport. In einem gesunden Körper steckt ein gesunder Geist.

In Bad Homburg gibt es eine Schule, an der die Kinder jeden Tag eine Stunde Sport haben. Und zwar zu Lasten der kognitiven Fächer. Dennoch sind die Schüler dieser Schule in den kognitiven Fächern im Durchschnitt besser als die Schüler, die mehr kognitiven Unterricht haben. Und nicht nur das. An dieser Schule in Bad Homburg gibt es signifikant weniger Pöbeleien, Aggressionen und Unfälle.

Ist ja auch logisch. Der Sport durchlüftet das Gehirn und fördert die Konzentration, also lernt man besser, leichter und ausdauernder. Beim Sport kann man sich ausagieren, kann Dampf ablassen, und das macht friedlicher. Der Sport baut Muskeln auf, und wenn man fällt, hat man genug Kraft, um sich abzufedern. Man verfügt über genug Körperbeherrschung, um geschickt zu fallen. Die anderen, die das nicht haben, brechen sich den Arm.

Außerdem lernt, wer einen bestimmten Sport betreibt, nicht nur diese Sportart, sondern quasi nebenbei lernt er, ohne es zu merken, die eigentlich wichtigen Dinge, auf die es im Leben ankommt. Dass man Selbstdisziplin braucht, um im Sport Erfolg zu haben. Dass eine Mannschaft mehr ist als die Summe ihrer Teile. Dass man mit seiner Mannschaft mehr erreicht, wenn man auf die anderen achtet, mit ihnen zusammenwirkt, sich füreinander einsetzt. Man lernt Kameradschaft, Fairness, Teamgeist, Gewinnen und

143

Verlieren, wieder aufstehen, wenn man am Boden liegt, und man lernt, dass Regeln gelten und Regelverstöße geahndet werden.

Eine dritte Maßnahme, ebenfalls eine seit 2000 Jahren bekannte Binsenweisheit, lautet: Mehr Musik und Gesang. Kinder, die musizieren und singen, bringen in den kognitiven Fächern bessere Leistungen als jene, die keine Musik machen und statt dessen mehr kognitiven Unterricht haben.

Auch das überrascht nicht. Beim Musizieren werden Gehörsinn, Motorik, Körperwahrnehmung und Hirnzentren, die Emotionen verarbeiten, gleichzeitig beansprucht. Und dieses Dauertraining verändert das Gehirn dauerhaft, und zwar so, dass es leistungsfähiger wird. Besonders gut entwickeln sich Ausdauer, die Fähigkeit zum abstrakten Denken, Leistungsbereitschaft und Konzentration, auch und gerade bei Kindern aus sozial schwachen Familien.

Man hat beobachtet, dass bei den Kindern mit musikbetontem Unterricht die soziale Kompetenz viel ausgeprägter ist. Es gibt in den Klassen weniger ausgegrenzte Schüler. Schulvandalismus und Aggressionen gehen zurück. Musik führt Menschen zusammen, im Ensemblespiel sind sie aufeinander angewiesen, müssen aufeinander hören, um etwas Gemeinsames zu schaffen.
Ähnliche Erfahrungen macht man mit dem Theaterspielen, dem Tanz und der künstlerischen Gestaltung. Auch das ist nichts Neues, auch das sind ja nur verschiedene Weisen sich auszudrücken, also verschiedene Sprachen. Aber es hat keine Konse-

quenzen. In keinem Bundesland erkenne ich eine Tendenz, die kognitiven Fächer zurückzuschrauben zu Lasten der musischen Fächer. In keinem Land erkenne ich den Willen, den Sport- und Musikunterricht zu verbessern.

Statt das vorhandene Wissen einfach anzuwenden, werden immer neue Studien in Auftrag gegeben, damit man das Handeln immer weiter aufschieben kann, und um Handeln vorzutäuschen, wird hier ein neues Projekt gestartet und dort ein neuer Modellversuch eingeführt.

Das klingt nun so, als ob ich empfehle: mehr Sport, mehr Musik, Fernseher und Computerspiele abschalten und den Kindern zu Hause vorlesen, und alles wird gut. So einfach ist es natürlich nicht.

Es gibt auch Dinge, mit denen es sich komplizierter verhält. Um es aber möglichst einfach zu schildern, möchte ich auf ein paar grundlegende Unterschiede hinweisen zwischen der Erziehungswirklichkeit, in der ich Kind war, und der Wirklichkeit, in der heutige Kinder aufwachsen. Daraus werden sich dann ein paar wichtige Schlüsse ziehen lassen.

Als ich Kind war, musste ich nur auf die Straße gehen, und da traf ich viele andere Kinder jeglichen Alters. Als aber 1990 unsere Tochter geboren wurde, wohnten wir in einem Münchner Mietshaus mit 18 Parteien, und in diesem Haus gab es kein einziges Kind. Der zweitjüngste Bewohner in diesem Haus war ein 16-jähriger. In den vier angrenzenden Wohnblocks gab es außer unserem

Baby noch einen einzigen Sechsjährigen. In der ganzen Straße gab es in den Jahren darauf also keinen einzigen Spielgefährten für unser Kind. Wir mussten uns jedes Mal mit anderen Eltern telefonisch verabreden und uns dann ins Auto setzen, um unserem Kind soziale Kontakte außerhalb des Kindergartens zu verschaffen, der mittags zumachte.

Als ich Kind war und von der Schule nach Hause kam, saß die ganze Familie am Mittagstisch, auch mein Vater. Allerdings war mein Vater Arzt und die Praxis, in der auch meine Mutter arbeitete, war im selben Haus. Meine drei Geschwister waren teils im Internat, teils beim Studium, kamen aber am Wochenende, und dann war auch die Großmutter dabei, die nicht weit von uns entfernt wohnte.

Wenn heute ein Kind nach Hause kommt, ist in sehr vielen Fällen niemand da.

Wenn ich als Kind Langeweile hatte, musste ich entweder die Langeweile aushalten oder mir was einfallen lassen. Wenn heutigen Kindern langweilig ist, schalten sie den Fernseher ein oder den Computer oder den iPod oder sie telefonieren, wobei Telefonieren noch am besten ist, denn dabei sprechen sie wenigstens. Die anderen Geräte bringen unsere Kinder zum Verstummen.

Heutige Kinder wachsen in einer historisch beispiellosen Einsamkeit auf. Sie haben nur noch reduzierte Möglichkeiten, sich im Sprechen zu üben. Ihre Eltern lesen nicht mehr vor, es gibt keine Großeltern mehr im Haus, und die Freunde wohnen so weit weg, dass man sie zu Fuß nicht erreicht. Was bleibt da den Kindern anderes übrig, als zu Hause vor irgend einem

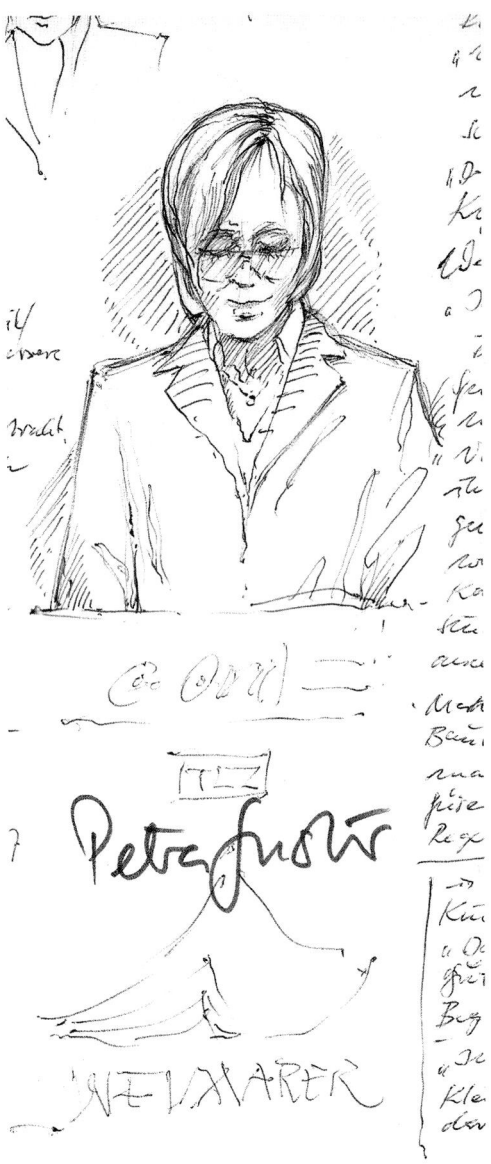

Monitor zu verstummen? Sie könnten wenigstens lesen, aber wenn die Eltern nicht lesen, und wenn sie nie vorgelesen haben, dann wird auch das Kind nicht zum Buch greifen.

Früher gab es – in D-West – so etwas wie die „Normalfamilie". Diese Normalfamilie bestand aus einem Vater, der das Geld verdiente und einer Mutter, die sich um den Haushalt und die Kinder kümmerte. Heute haben es die Lehrer in der Schule häufiger mit Kindern berufstätiger Eltern zu tun und mit Kindern geschiedener und mehrfach verheirateter oder un- verheirateter Eltern. Es gibt die Kleinstfamilie, die aus einem Kind und einer alleinerziehenden Mutter besteht. Und es gibt Familien mit drei Kindern, von denen jedes einen anderen Vater oder eine andere Mutter hat.

Früher waren in evangelischen Gegenden die Kinder evangelisch und in katholischen Gegenden waren sie katholisch, und überall waren sie deutsch. Heute hat es der Lehrer mit evangelischen, katholischen und vielen ungetauften Kindern zu tun, mit muslimischen Kindern, mit Kindern aus christlich-muslimischen Ehen, mit Kindern von esoterisch und buddhistisch angehauchten deutschen Ehepaaren, mit einem Dutzend weiterer Varianten, und mit Kindern aus vielen Nationen und verschiedenen Kulturkreisen.

Früher waren die Eltern der Kinder fast alle unge- fähr im gleichen Alter. Heute kann ein Erstklässler eine 26-jährige Mutter haben, und das Erstklässler- kind daneben kann eine 46-jährige Mutter haben, und diese Mutter kann die zweite Frau eines 66-jährigen Mannes sein. Dieser 66jährige könnte theoretisch der Vater seiner Frau, der Großvater der 26-jährigen Mutter und der Urgroßvater des sechsjährigen Kindes sein, aber er ist der angeheiratete Stiefvater dieses Kindes.

Früher trugen wir Jeans und Parka, und wir hörten entweder Rolling Stones oder Beatles. Wir hörten dieselben Radiosendungen (AFN oder SWF 3), sahen – wenn überhaupt – dasselbe Fernsehprogramm (es gab ja nur zwei). Heute sagt meine 16-jährige Tochter, dass es in ihrer Klasse keine zwei Kinder gibt, die denselben Musikgeschmack teilen, und auch was das andere betrifft, Kleidung, Lektüre, Mediennutzung, ist jedes Kind sorgsam darauf bedacht, sich von allen anderen zu unterscheiden.

Die Welt der Kinder von heute ist um ein Vielfaches komplizierter, differenzierter und individualistischer als die Welt, in der ich Kind gewesen bin. Dass heutige Kinder Probleme haben sich zurechtzufinden, wundert mich angesichts der heutigen Welt nicht. Eher wundert mich, dass es überhaupt noch Kinder gibt, die mit sich und der Welt zurechtkommen.

Ein letztes Phänomen will ich ansprechen, das es in meiner Kindheit nicht gab. Es gibt heute Familien, die in dritter Generation von Sozialhilfe leben. In manchen Städten gibt es ganze Straßenzüge und Viertel, in denen hauptsächlich Sozialhilfe-Empfänger wohnen. Im Berliner Stadtteil Neukölln lebt inzwischen jeder zweite unter 25 vom Staat. Immer mehr Familien geraten in Schieflage.

149

Kinder aus solchen Familien lernen meist nicht, sich auszudrücken. Lernen nicht, dass das Leben einen zeitlichen Rhythmus hat. Sie kennen keine festen Essenszeiten, keinen Sonntag, keinen Werktag, keine Jahreszeit, nicht den Rhythmus von Arbeit und Freizeit, Anstrengung und Muße, aber dafür läuft ganztägig und ganzjährig der Fernseher. Diese Kinder kennen kein Märchen und keine biblische Geschichte, haben aber schon Pornos auf Video gesehen, weil ihre Eltern die im Wohnzimmer abspielen (Stern-Report!). Das Geld in diesen Familien reicht nicht für Bücher, Klassenfahrten, Musikunterricht und eine gesunde Ernährung, aber für die Zigaretten der Eltern, für die Gameboys der Kinder, einen iPod und einen Fernseher fürs Kinderzimmer reicht es allemal.

Dass das so ist, dafür gibt es viele Ursachen. Eine davon ist, dass die heutige Schule die Veränderungen der Gesellschaft nur unzureichend mitgemacht hat. Die Schule, wie sie heute ist, die Lehrpläne, die wir haben, der Unterricht, den wir haben, die Lehrerausbildung, die wir haben – das alles passt nicht mehr zu der Realität, die wir draußen in der Welt haben. Anpassung der Schulwirklichkeit an die Lebenswirklichkeit ist darum der Weg, den wir beschreiten müssen.

Was das konkret heißt, lässt sich gut am letztgenannten Beispiel des Berliner Stadtteils Neukölln schildern. Wenn wir verhindern wollen, dass auch die vierte Generation wieder dem Staat auf der Tasche liegt, dann müssen wir in Neukölln und anderswo endlich Strukturen schaffen, in denen die Kinder aus problematischen Familien zum Leben ertüchtigt werden.

Lebenstüchtigkeit ist für alle Schularten ein Erziehungsziel.

Aber während man bei den Kindern aus intakten Familien noch einiges an Bildung draufpacken kann, ist bei den anderen bei diesem einen Ziel schon Schluss. Bei diesen Kindern müssen sich deshalb alle Anstrengungen darauf richten, sie so stark zu machen, dass sie ihren Lebensunterhalt selber verdienen können. Wenn uns das gelänge, Kinder aus lebensuntüchtigen Familien lebenstüchtig zu machen, dann hätten wir viel geschafft, und dann könnten wir deren Kindern sogar wieder echte Bildung nahe bringen.

Die erste Maßnahme für dieses Ziel ist eine andere Schule. Kindern aus solchen Sozialhilfedynastien können Sie nicht mit dem Dreißigjährigen Krieg kommen oder mit der Geometrie der Gotik. Für solche Kinder brauchen Sie erst einmal sechs Zivis, die morgens mit dem Kleinbus zu den Familien fahren und die Kinder aus dem Bett holen und in die Schule bringen. In der Schule brauchen Sie dann ein paar Erwachsene, die mit den Kindern frühstücken. Sie brauchen also auch eine Küche, einen Frühstücksraum und ein paar Leute, die das Frühstück machen und danach das Mittagessen vorbereiten.

Sie brauchen Menschen, die diesen Kindern in der Schule ein Nest bauen. Dann kommen die Kinder

151

auch gern, pünktlich und ohne, dass man sie von zu Hause abholen muss. Und dann, wenn sie soweit sind, kann man anfangen, mit ihnen zu arbeiten. Vielleicht eher nicht mit normalem Frontalunterricht. Da müssten wir schon ein bisschen erfinderischer und alternativer werden (und wenn man bei diesen Worten an die schwerfällige Elefantenrunde der 16 Kultusminister in ihrer KMK denkt, wird man gleich wieder trübsinnig). Ein Unterricht zur Lebenstüchtigkeit müsste aber tatsächlich ganz anders aussehen, viel praktischer: Z. B. müsste man mit denen Autos reparieren, Computer zusammenbauen, Haare schneiden, Schuhe verkaufen, Bücherregale bauen, kochen, den Führerschein machen.

Zwischendrin, wenn sie das Gefühl bekommen haben, dass aus ihnen ja noch was werden kann, wenn sie merken, dass sie fähig sind, dieses und jenes selbst zu managen, kann man versuchen, ihnen die Dinge beizubringen, ohne die es bei uns halt nicht geht: Rechnen, Schreiben, Lesen, Deutsch. Und nebenbei auch Manieren, Pünktlichkeit, Disziplin, Ordnung, Sauberkeit, Fleiß.

Natürlich brauchen diese Kinder viel Sport und möglichst auch Musik – und eine Fußballmannschaft, die regelmäßig zehn zu Null gegen alle Gymnasialklassen gewinnt.
Während der Jahre, in denen sie diese Kinder unterrichten, müssten die Lehrer aufmerksam auf mögliche Begabungen achten und diese fördern. Wenn das gelänge, wäre unendlich viel gewonnen. Aber auch ohne spezielle Begabung müssen diese

Kinder und Jugendlichen ein Gefühl für ihren eigenen Wert entwickeln, und dass man sie achtet und ernst nimmt.

Jetzt muss man nur noch dafür sorgen, dass sie in diesen Berufen auch unterkommen, und da muss man früh mit der Wirtschaft zusammenarbeiten, muss Praktikumsplätze organisieren, mit einzelnen Unternehmen, Industrie- und Handelskammern und mit der Arbeitsagentur zusammenarbeiten. Man muss den Praktikanten Verhaltensmaßregeln mit auf den Weg geben, muss ihnen sagen, wie sie sich benehmen müssen, wenn sie einen Arbeitsvertrag bekommen möchten.

Außerdem muss ihnen der Leitspruch vermittelt werden: Arbeit schändet nicht. Es ist egal, was man macht. Hauptsache ist, dass man das, was man macht, gut macht. Wie selbstbewusst, Achtung gebietend und dabei liebenswürdig beispielsweise ein Kellner sein kann, der sehe sich die italienischen Kellner an. Die haben kein Problem damit, andere zu bedienen, sind nicht devot, sondern wissen, was sie wert sind und was sie können, und gerade deshalb sind sie gut.

Wenn man auf die individuellen Begabungen der Kinder eingeht, dann kann man sie auch entsprechend fördern. Manche werden ein kaufmännisches Talent haben, andere ein technisches, dritte werden besonders gut organisieren können. Denen muss gezeigt werden, wie man sich mit einem eigenen Laden selbständig macht oder in der freien Wirtschaft Fuß fasst. Auch da sind wieder die entsprechenden Kontakte zu knüpfen und die entsprechenden Gleise zu bauen.

Und zu guter Letzt sollte man immer damit rechnen, dass man einen kleinen Einstein in seiner Gruppe hat. Diese Typen sind schwer zu erkennen, fallen regelmäßig durch den Rost der Schul-Routine. Einstein hat sich zwar trotzdem durchgesetzt, aber wir wissen nicht, ob es zu seiner Zeit nicht noch weitere zehn Einsteine gegeben hat, die sich nicht durchsetzen konnten. Und wir können uns heute nicht mehr leisten, solche Begabungen durch den Rost fallen zu lassen.

Eines dürfte sich bei all dem, was ich bisher gesagt habe, von selbst verstehen: Diese neue Neuköllner Schule, die ich da so eben beschrieben habe, ist natürlich ganz selbstverständlich eine Ganztagsschule. So etwas halbtags zu betreiben, wäre absolut sinnlos. Wenn Sie mittags das Kind wieder in die Wohnung zurückschicken, in der der Fernseher dröhnt, der Aschenbecher überquillt und leere Bierflaschen im Weg herumfliegen, geht am Nachmittag alles wieder kaputt, was Sie am Vormittag aufgebaut haben.

Und was für diese Kinder gilt, gilt für alle anderen Kinder ebenso. Wo beide Eltern berufstätig sind, muss das Kind am Nachmittag von einer Ganztagsschule aufgefangen werden, das versteht sich von selbst, und hat sich gottseidank inzwischen auch herumgesprochen. Ganztagsschulen müssen keine Zwangsbeglückung sein, aber in dem Maße zur Verfügung stehen, wie Eltern sie benötigen.

Das alles, was ich bis jetzt aufgezählt habe, lief unter erste Maßnahme. Jetzt zur zweiten.

154

Die zweite Maßnahme besteht darin, dass man die Kinder aus Problemfamilien frühzeitig aufspürt und sich um sie kümmert. Solche Kinder werden ja irgendwann in einem Krankenhaus geboren, und dort muss es Personal geben, das die Eltern berät und den Eltern signalisiert, dass hier jemand ist, der bei der Erziehung des Kindes hilft. Und das geschulte Personal wird ziemlich gut erkennen, bei welchen Eltern man wöchentlich oder gar täglich zu Hause nachsehen sollte, ob das Kind kriegt, was es braucht. So könnten Eltern angelernt werden, und manches Kleinkind geriete gar nicht erst in eine lebensbedrohliche Situation. Und man müsste die Kinder nicht aus den Familien reißen, wenn schon viel zu viel passiert ist.

Zusammenfassend möchte ich ein afrikanisches Sprichwort zitieren, das lautet: Für die Erziehung eines Kindes braucht es ein ganzes Dorf. Dieses Sprichwort stimmt auch bei uns. Erziehung ist eine gesamtgesellschaftliche Aufgabe. Man kann sie nicht einer alleinerziehenden Mutter aufbürden. Daher muss man um unsere Kinder herum Dorfstrukturen aufbauen, und innerhalb dieser Strukturen ist die Schule nur eine Instanz unter anderen, aber für viele Kinder eine der wichtigsten.

Und für diese Schule gilt generalisierend: Sie hat sich nicht am Bedarf der Wirtschaft auszurichten, auch die Bedürfnisse des Staates und der Gesellschaft spielen eine untergeordnete Rolle. Die Hauptrolle spielen die Bedürfnisse der Kinder. Um sie herum muss man eine Schule aufbauen, und das führt dann eben dazu, dass eine Schule in Neukölln völlig anders gebaut werden muss als eine in Berlin-Mitte oder in Weimar oder in Erfurt. Schulen müssen sich an das Umfeld anpassen, in dem sie stehen.

Ich erwähnte vorhin meine Tochter, die sagte, dass es in ihrer Klasse keine zwei Schüler gibt, die denselben Musikgeschmack teilen. Aber vor dieser Klasse steht ein Lehrer, der diese 25 Individualisten zur selben Zeit fürs selbe Thema interessieren soll. Das können Sie vergessen. Wenn der Lehrer Glück hat, schafft er es vielleicht, fünf Schüler dafür zu interessieren, 20 Prozent. An die anderen 80 Prozent verschwendet er seine Zeit, und diese 80 Prozent verschwenden ihrerseits ihre Zeit. Eine ungeheure Verschwendung.

Und darum kann auch die normale Schule für die normalen Kinder nicht so bleiben, wie sie ist. Die Lehrpläne, die Lehrerausbildung, die Lehrmethoden, das ganze Lernen während der Schulzeit muss sich grundlegend ändern.

Als erstes ein Wort zur Lehrerausbildung. Lehrer, vor allem Gymnasiallehrer, studieren an der Uni ein Fach, und in der Schule haben sie es mit Kindern zu tun. Ein Mathematiklehrer beschäftigt sich an der Uni mit nichteuklidischer Geometrie und lernt Riemannsche Gleichungen zu lösen. Beides wird er an der Schule nie wieder brauchen. Er lernt überhaupt an der Uni ungeheuer viel Zeug, das er nie mehr brauchen wird. Aber das, was er an der Schule täglich brauchen könnte, lernt er entweder nur unzureichend oder gar nicht.

Unzureichend lernt er, wie man Kindern Mathematik beibringt, ja, überhaupt erst für Mathematik interessiert, vielleicht sogar begeistert. Auch die Begeisterung für ein Fach, für Wissen und für Wissenwollen ist ein Wert. Unzureichend lernt der Lehrer, wie man Kindern in der Schule, auch im Mathematikunterricht, Werthaltungen vermittelt. Viele Lehrer wollen das auch gar nicht. Viele ziehen sich auf ihr Fach und ihre Rollen als Wissensvermittler zurück, reden sich mit dem Wort von der weltanschaulichen Neutralität heraus. Es gibt aber keine neutrale Haltung gegenüber Werten. Wer meint, sich gegenüber Werten indifferent und neutral verhalten zu können, räumt das Feld für die Vermittler falscher Werte. Die warten nur darauf, dass man ihnen das Feld überlässt. Darum muss es aufhören, Lehrer zu reinen Wisensvermittlern auszubilden. Der Lehrer ist immer auch Erzieher, Persönlichkeit, Charakter. Das ist er sogar primär.

Und nur, wenn er das wirklich ist, kann er auch in den ihm anvertrauten Schülern den Wunsch wecken, etwas zu können und etwas leisten zu wollen, und auch das ist ein Wert. Wie man diesen Wunsch im Kind und Jugendlichen weckt, wird an der Uni nicht gelehrt. Entweder bringt der Lehrer das Talent dazu von Natur aus schon mit, oder eben nicht, und dann ist es der Universität auch egal.

Kaum oder gar nicht lernt der Lehrer, wie man mit Störern umgeht, mit aggressivem Verhalten und mit Provokationen, und wie Konfliktmanagement funk-

157

tioniert. Nicht lernt er, wie man sicher auftritt und eine natürliche Autorität ausstrahlt. Nicht lernt er, wie man gegenüber allzu selbstbewusst auftretenden Eltern auftritt. Und nicht lernt er, wie er seine Probleme mit Schülern und Kollegen mit wacher Aufmerksamkeit wahrnimmt und lernt, sie unter vier Augen oder im Kollegenkreis zu besprechen. Lehrer ist ein praktischer und sozialer Beruf, kein theoretischer. Aber ausgebildet wird er weit überwiegend zum Theoretiker.

Meine Damen und Herren, Sie werden gemerkt haben, dass ich längst im Bereich des Wünschens und der Phantasie angekommen bin, aber so beginnen Veränderungen nun mal. Für unser erstes Erziehungsbuch, das kurz vor dem ersten PISA-Test erschien, sind mein Mann und ich noch als Bilderstürmer bezeichnet worden. Inzwischen hat sich vieles von unseren Gedanken und Vorschlägen – zumindest theoretisch – durchgesetzt. Es wird weitergehen, die Veränderungen müssen von jedem Einzelnen mit- und weiter voran getragen werden.

Werte sind etwas Konservatives, etwas, das erhalten werden muss, aber wir können sie nur erhalten, wenn wir sehr viel ändern in unserer Gesellschaft. Und darum möchte ich schließen mit dem Lieblingsspruch meines Mannes, einer Weisheit der Dakota-Indianer. Sie lautet: Wenn du merkst, dass du ein totes Pferd reitest, steig ab.

Darum: Steigen wir doch endlich ab!

Sehr geehrte Freundinnen und Freunde der Weimarer Reden!

Wort und Sprache genießen auf der Bühne des Deutschen Nationaltheaters Weimar ein besonders hohes Ansehen; daran kann es nicht den geringsten Zweifel geben. Und so ist es kaum erstaunlich, wenn die Weimarer Reden auch im Jahr 2007 wieder Podium, Pult und Publikum im Hause des DNT gefunden haben. Das Jahr der Herzogin Anna Amalia und der Elisabeth von Thüringen zum Anlass nehmend, wurden die Weimarer Reden 2007 ausschließlich von einer exquisiten Frauenrunde gehalten.

Zum Leitthema „Starke Frauen" sind entsprechend selbstbewusste, mutige und konsequente Frauen an das Rednerpult getreten. Traditionell kamen die Rednerinnen dabei auch in diesem Jahr wieder aus den unterschiedlichsten Lebensbereichen. Es sprachen die Bischöfin Margot Käßmann, die Politikerin Heide Simonis, die türkische Schriftstellerin Necla Kelek und die Fernsehjournalistin Petra Gerster. Jede der vier prominenten Frauen präsentierte dem aufgeschlossenen Auditorium eine Rede zu brennend aktuellen Themen. Dass sich übrigens von Jahr zu Jahr eine stetig steigende Zahl von Zuhörern den Genuss der Weimarer Reden gönnt, kann nur als kräftiges Indiz für die Qualität der Vorträge und der Vortragenden gedeutet werden – die überzeugend „starken Frauen" haben diesen hohen Anspruch auch im Jahr 2007 in souveräner Art und Weise fortgeschrieben.

„Wer zu den Weimarer Reden kommt, hat Anteil an den entscheidenden Fragen der Gegenwart." Dieser Einschätzung des Kulturdirektors der Stadt Weimar, Dr. Felix Leibrock, können wir uns vorbehaltlos anschließen. Die Weimarer Reden sind ein Glanzstück in der Kulturlandschaft unserer Thüringer Heimat, zudem mittlerweile mit einem Bekanntheitsgrad, der die thüringischen Landesgrenzen schon lange hinter sich gelassen hat. Die Unterstützung der Weimarer Reden ist für E.ON Thüringer Energie nicht nur ein Teil der gesellschaftlichen Verantwortung als ein in der Region verankertes Unternehmen, sondern stärkt auch den weichen Standortfaktor Kultur im Freistaat. Deshalb sichert E.ON Thüringer Energie die Weimarer Reden als Hauptsponsor auch im kommenden Jahr finanziell ab.

Um der einer einmalig gehaltenen Rede innewohnenden Flüchtigkeit Einhalt zu gebieten, werden die Weimarer Reden traditionell in einem Buch abgedruckt. Wir wünschen Ihnen viel Freude und Entspannung bei der Lektüre der nun vorliegenden Ausgabe 2007.

E.ON Thüringer Energie AG

161

Alle Redner tragen sich traditionell ins Gästebuch des
Deutschen Nationaltheaters und ins Goldene Buch der Stadt
Weimar ein.

Im weimarer taschenbuch verlag
sind ebenfals erschienen:

Leibrock, Felix (Hg.); **Mein unermesslich Reich ist der Gedanke – Weimarer Reden 2005**; 136 Seiten, ISBN: 978- 3-937939-13-1, €[D] 9,90 /sFr 15,90

Leibrock, Felix (Hg.); **Rendevouz – Unsere Affäre mit Frankreich – Weimarer Reden 2006**; 176 Seiten, ISBN: 978-3-937939-70-4, €[D] 12,90 /sFr 20,60

Reißig, Manfred (Hg.); **Nicht verzweifeln das Leben geht weiter – Sprüche zur Politik von der Antike bis zur Gegenwart mit Karikaturen von Ioan Cozacu (NEL)**; 128 Seiten, ISBN: 978-3-937939-16-2, €[D] 9,90 /sFr 15,90

Leibrock, Felix; **Wo der Atem wohnt** (Roman); 392 Seiten, ISBN: 978-3-937939-69-6, €[D] 12,90 /sFr 20,60

Ebersbach, Volker; Siekmann, Andreas ; **Anekdoten über Goethe und Schiller**; 176 Seiten, ISBN: 978-3-937939-12-4, €[D] 9,90 /sFr 15,90

Kohlweyer, Gerhard; **Agnes Stavenhagen – Weimarer Primadonna zwischen Johannes Brahms, und Richard Strauss**; 302 Seiten, ISBN: 978-3-937939-01-8, €[D] 16,90 /sFr 26,90

Stolz, Rüdiger; Jena, Detlev; **Reisewege – Napoleon in Thüringen**; 200 Seiten, ISBN: 978- 3-937939-19-3, €[D] 9,90 /sFr 15,90

Weber, Christiane; **Lyonel Feininger – genial – verfemt – berühmt**; 128 Seiten, ISBN: 978-3-937939-72-8, €[D] 9,90 /sFr 15,90

Kaminiarz, Irina; Lucke, Hans; **Hoffmann von Fallersleben – Alles Schöne lebt in Tönen**; 144 Seiten, ISBN: 978-3-937939-68-1, €[D] 9,90 /sFr 15,90

Stade, Heinz; Bickelhaupt, Thomas; **Unterwegs zu Bach**; 200 Seiten, ISBN: 978-3-937939-67-4, €[D] 9,90 /sFr 15,90

Seifert, Rita; **Goethe und Napoleon – Begegnungen und Gespräche**; 144 Seiten, ISBN: 3-937964-00-1, €[D] 9,90 /sFr 15,90

Föhl, Thomas; **Henry van de Velde – Architekt und Designer des Jugendstils**; 144 Seiten, ISBN: 3-937964-02-5, €[D] 9.90 /sFr 15,90

Bosse, Hannes; **Clemens Wenzeslaus Coudray – Architekt und Stadtplaner des Klassizismus**; 144 Seiten; ISBN: 978-3-939964-01-8, €[D] 9,90 / sFr 15,80

Lucke-Kaminiarz, Irina; **Hermann Abendroth – Ein Musiker im Wechselbad der Zeitgeschichte**; 144 Seiten; ISBN: 978-3-937939-65-0, €[D] 12,90 /sFr 20,60

Schillers Name, ein Symbol für Gedankenfreiheit

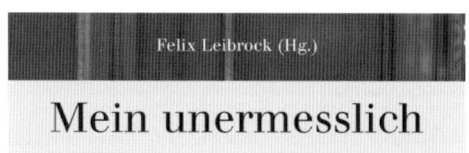

Weimarer Reden 2005 über Schiller

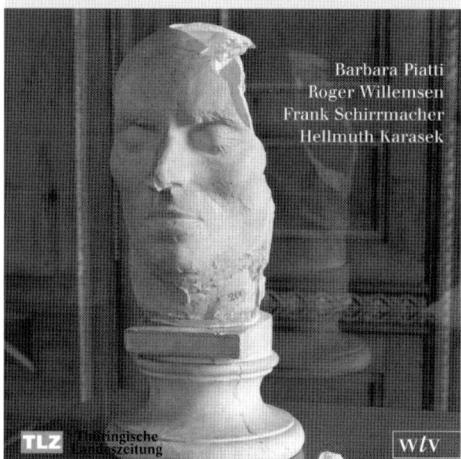

Felix Leibrock (Hg.)
**Mein unermesslich
Reich ist der Gedanke**
136 Seiten
Format 13,5 x 21 cm
Preis   9,90 / sFr 15,80
ISBN 3-937939-13-X
ISBN-13 978-3-937939-13-1

Babara Piatti entwirft visionär eine neue Literaturgeschichtsschreibung. Roger Willemsen weißt am Beispiel des Freiheitsbegriffes nach, wie im politischen Kontext ein Wort zur Hülse degeneriert. Frank Schirrmacher konstatiert die Vorbeben einer kommenden Revolution, die sich aus einer verrutschenden Alterspyramide speist. Hellmuth Karasek erzählt von seiner persönlichen „Beziehung" zu Schiller.

weimarer
*t*aschenbuch
verlag

www.typelicious.com

Unsere Affäre mit Frankreich

Weimarer
Reden 2006

Mit einer nicht
gehaltenen Rede
von Michel Tournier

Felix Leibrock (Hg.)
Rendezvous
176 Seiten
Format 13,5 x 21 cm
Preis   12,90 / sFr 20,60
ISBN 3-937939-70-9
ISBN-13 978-3-937939-70-4

Die Weimarer Reden 2006 thematisieren die vielfältigen
Beziehungen zwischen Frankreich und Deutschland in
Geschichte, Gegenwart und Zukunft.
Die Redner kommen aus unterschiedlichen Bereichen und öff-
nen mit ihren aktuellen, originellen und spannenden
Ausführungen den Blick über den Tellerrand.

weimarer
*t*aschenbuch
verlag

Ein Musiker im Wechsel-
spiel der Zeitgeschichte

Hermann Abendroth, von 1945-1956 musikalischer Leiter des Deutschen Nationaltheaters und der Staatskapelle Weimar

Irina Lucke-Kaminiarz
Hermann Abendroth
Ein Musiker im
Wechselspiel der
Zeitgeschichte
160 Seiten
Format 13,5 x 21 cm
Preis 12,90 / sFr 20,60
ISBN 978-3-937939-65-0

Hermann Abendroth (1883-1956) war einer der großen Dirigenten des 20. Jahrhunderts. Das vorliegende Buch widmet sich neben Fragestellungen nach der künstlerischen Leistung Hermann Abendroths als Orchestermusiker, Dirigent und Hochschullehrer in Köln, Leipzig und Weimar auch Fragen nach den politischen Begleitumständen und deren Auswirkungen auf seine Biografie und sein Schaffen. Zahlreiche unbekannte Quellen und Bilder, die erstmals veröffentlicht werden, zeichnen anschaulich und aufschlussreich das Leben eines Künstlers nach, der mit hoher Begabung gesegnet war, dessen Leistung und Bedeutung aber bisher, durch historisch-politische Rahmenbedingungen bedingt, zu Unrecht keineswegs ausreichend gewürdigt wurde.

weimarer
*t*aschenbuch
verlag

Weimarer Primadonna zwischen Brahms und Strauss

Gerhard Kohlweyer

Agnes Stavenhagen

Weimarer Primadonna zwischen
Johannes Brahms und Richard Strauss

Ein Frauen- und Künstlerschicksal 1860 – 1945 mit erstmals veröffentlichten Dokumenten u.a. von Richard Strauss und Gustav Mahler

Gerhard Kohlweyer
Agnes Stavenhagen
Weimarer Primadonna
zwischen Johannes Brahms
und Richard Strauss
300 Seiten
Format 13,5 x 21 cm
Preis 16,90 / sFr 27,00
ISBN 978-3-937939-01-8

Gerhard Kohlweyer berichtet anhand seiner langjährigen Recherchen und zahlreicher Dokumente über das Leben der Weimarer Primadonna Agnes Stavenhagen, die als Agnes Denninghoff aus Winsen a.d. Luhe aufbrach, um die großen Opernbühnen und Konzertpodien Europas zu erobern. Von Johannes Brahms gefördert heiratete sie den Liszt-Schüler und damaligen Hofkapellmeister Bernhard Stavenhagen, behauptete sich gegen Richard Strauss und wurde Großherzogliche-Sächsische Kammersängerin. Bei Gastspielen in Berlin, Wien, London und St. Petersburg wurde Sie begeistert gefeiert. Nach ihrer aktiven Zeit hielt sie sich in Berlin als Gesangslehrerin über Wasser und starb schließlich am 4. Oktober 1945 vereinsamt in einem Pflegeheim in Bautzen.

weimarer
*t*aschenbuch
verlag

www.typelicious.com